억만장자의 낡은 수첩

위기의 순간마다 다시 펼쳐본 삶의 문장들

억만장자의 낡은 수첩

마테호른 지음

i!i
에이콘

왜 그들은 뻔한 말을 수첩에 적었을까?

"포기하지 마라."

"지금, 이 순간을 살아라."

전혀 낯설지 않은 말들이다. 학교 교실에서, 스마트폰 화면에서, 서점의 자기계발서에서, 심지어 매일 마시는 카페 종이컵 위에서도 우리는 이 말들을 수없이 마주친다. 그러다 보니 마음 깊은 곳에 닿지 못하고 귓가를 스치듯 지나가는 소음이 되어버렸다.

여기서 한 가지 의문이 생긴다. 왜 이토록 뻔한 말들은 사라지지 않고 끈질기게 살아남았을까? 세상이 몰라보게 바뀌고 기술이 천지개벽하는 시대에도, 왜 이 투박한 문장들만큼은 끊임없이 반복되는 것일까?

억만장자의 수첩에는 왜 같은 말이 반복될까?

시간은 가치 없는 것을 오래 붙잡아 두지 않는다. 시대의 흐름에 뒤처진 것들은 소리 없이 도태되고 잊힌다. 그럼에도 수만 번 인용되고 수없이 소비되면서 여전히 생명력을 유지하고 있는 문장이 있다면, 거기에는 분명한 이유가 있다.

이 문장들은 단순한 격언이 아니다. 수많은 사람이 인생의 처절한 실패와 갈림길을 통과하며, 끝내 버릴 수 없었던 마지막 보루다. 즉, 풍랑 속에서도 삶을 지탱해낸 일종의 '생존 기록'인 셈이다.

이 책은 화려한 성공 비법을 소개하지 않는다. 세상을 뒤흔들 새로운 이론이나 낯선 전략을 제시하지도 않는다. 오히려 우리가 이미 알고 있었지만, 삶의 소란함에 밀려 뒷전으로 치워두었던 말들을 다시 책상 위로 꺼내 놓을 뿐이다.

억만장자들의 수첩을 들여다보면 의외로 복잡한 공식은 보이지 않는다. 대신 짧고 단순한 문장들이 집요할 정도로 반복된다. 대부분 우리가 한 번쯤 들어보았고, 당연하다는 듯 고개를 끄덕이게 되는 평범한 문장들이다. 그런데도 그들은 왜 그 뻔한 말을 굳이 다시 적고, 또 적는 것일까.

이유는 분명하다. 새로운 지식을 습득하기 위해서가 아니라, 이미 알고 있는 기준을 현실의 파도 속에서 놓치지 않기 위해서다. 그들은 기억력이 부족한 사람들이 아니다. 오히려 결정적인 선택의 순간마다 인간의 기준은 너무나 쉽게 흔들린다는 사실을 누구보다 뼈저리게 알고 있는 사람들이다.

'아는 것'과 '사는 것'은 엄연히 다르다. 머리로만 아는 지식은 위기라는 파도가 덮치면 가장 먼저 휩쓸려 사라진다. 하지만 몸으로 치열하게 살아낸 기준은 다르다. 판단이 흔들리고 시야가 흐려질 때마다, 나침반처럼 삶의 방향을 다시 잡아주기 때문이다.

삶의 '기준'이었던 문장들

억만장자들은 바쁠수록 문장을 단순하게 적었다. 결정해야 할 일이 산 더미처럼 쌓일수록 그들은 오히려 기준을 짧고 명료하게 붙잡았다. 복잡한 수식어는 의구심을 낳고, 화려한 전략은 두려움을 가리기 마련이다. 그래서 그들은 군더더기를 걷어내고 본질만 남긴 한 줄의 문장에 집착했다. 그들에게 수첩 속 문장은 불확실한 미래를 예측하기 위한 도구가 아니었다. 그것은 지금 이 순간, 거센 압박 속에서도 나의 판단을 흔들림 없이 지켜내기 위한 단단한 방패였다.

예컨대, 일론 머스크에게 "포기하지 않는다"는 말은 감정을 다잡는 주문이 아니라, 다음 선택을 가능하게 만드는 전제였다. 오프라 윈프리에게 "자신을 믿는다"는 문장 또한 일시적인 다짐이 아닌, 삶의 모든 풍랑을 관통하는 유일한 궤적이었다. 워런 버핏에게 "좋은 사람과 함께하라"는 말 역시 따뜻한 덕담이 아니라, 철저하게 계산된 투자 원칙이었다.

그들은 문장을 삶의 가장 낮은 곳, 즉 주춧돌로 두었다. 그리고 그 단단한 토대 위에 모두 선택과 결과를 쌓아 올렸다. 그들에게 문장은 화려한 장식이 아니라 생존을 위한 토대였으며, 그들의 삶은 그 문장이 틀리지 않았음을 증명해 나가는 치열한 과정이었다.

이 문장들은 누군가를 설득하기 위해 만들어진 문구가 아니다. 수없이 실패하고, 흔들리고, 다시 일어서야 했던 사람들이 경험 속에서 건져 올린 생존의 도구다.

그들은 세상이 수천 번, 수만 번 반복해온 닳고 닳은 말들을 마치 생전 처음 듣는 계시처럼 단호하게 적어 내려갔다. 남들에게는 뻔한 잔소리였을지 몰라도, 그들에게는 생사가 걸린 전장의 수칙과도 같았기 때문이다.

억만장자들이 수첩에 남긴 것은 화려한 수사가 아니다. 거센 폭풍우 속에서도 나를 지탱해줄 가장 단순하지만 단단한 한 문장이었다.

수첩에 적힌 순간, 인생은 움직이기 시작한다

문장 한 줄이 인생을 하루아침에 바꾸지는 않는다. 그러나 그 문장을 선택의 순간마다 꺼내 놓는다면, 그 말은 습관이 된다. 그리고 습관은 조용하지만 확실하게 인생의 방향을 바꾼다.

이 책은 바로 그런 문장들의 기록이다. 너무 익숙해서 흘려보냈던 말들, 생존을 위해 반드시 다시 붙잡아야 할 본질적인 말들이다. 처음부터 끝까지 읽지 않아도 괜찮다. 흔들릴 때, 멈칫할 때, 방향을 잃었다고 느낄 때 아무 페이지나 펼쳐도 충분하다.

어쩌면 그 문장은 이미 당신도 오래전부터 알고 있던 말일지도 모른다. 다만 아직, 당신의 수첩에 '기준'으로 적히지 않았을 뿐이다.

당신의 삶을 지탱해 줄 가장 소박하고도 강력한 한 줄을 찾아내길 바란다. 그 한 줄이 당신의 수첩에 기준으로 적히는 순간, 당신의 삶은 이전과는 다른 궤적을 그리며 나아가기 시작할 것이다.

Contents

Prologue   왜 그들은 뻔한 말을 수첩에 적었을까?   4

PART 01
삶이 무너지는 순간, 다시 붙잡는 문장들   14

NOTE 01   "끝까지 가 본 사람만 볼 수 있는 장면이 있다"   17
— 일론 머스크(Elon Musk) | 테슬라 최고경영자(CEO)

Elon Musk's NOTE   23

NOTE 02   "의심은 실패의 첫 번째 문장"   25
— 오프라 윈프리(Oprah Winfrey) | 미국 토크쇼의 여왕

Oprah Winfrey's NOTE   30

NOTE 03   "사람은 한 번 더 버티는 힘으로 성장한다"   33
— 코비 브라이언트(Kobe Bryant) | 미국 프로농구 NBA의 전설

Kobe Bryant's NOTE   39

NOTE 04   "오늘에 충실하라"   41
— 스티브 잡스(Steve Jobs) | 애플 창업주

Steve Jobs's NOTE   47

NOTE 05 **"익숙해지는 순간, 성장은 멈춘다"**   49
— 리드 헤이스팅스(Reed Hastings) | 넷플릭스 창업주

Reed Hastings's NOTE   56

PART 02
방향을 잃었을 때 다시 적는 문장들   58

NOTE 01 **"질문이 방향을 만든다"**   61
— 피터 틸(Peter Thiel) | 페이팔, OpenAI 공동 설립자

Peter Thiel's NOTE   68

NOTE 02 **"비교가 멈춘 자리에서 인생은 다시 시작된다"**   71
— J.K. 롤링(J.K. Rowling) | 《해리 포터》 작가

J.K. Rowling's NOTE   77

NOTE 03 **"위대한 성과는 작은 반복에서 나온다"**   79
— 제프 베이조스(Jeff Bezos) | 아마존닷컴 창업주

Jeff Bezos's NOTE   85

NOTE 04 **"생각은 흘러가지만, 기준은 남아야 한다"**   87
— 존 템플턴(John Templeton) | 미국의 전설적인 투자가

John Templeton's NOTE   94

NOTE 05 **"기억은 배신하지만, 기록은 배신하지 않는다"**   97
— 벤저민 프랭클린(Benjamin Franklin) | 미국 건국의 아버지

Benjamin Franklin's NOTE   102

PART 03
성장을 지탱하는 문장들

104

NOTE 01 "이미 가진 것을 인정할 때, 더 멀리 간다" 107
— 사이먼 시넥(Simon Sinek) | 세계 최고의 HR 컨설턴트

Simon Sinek's NOTE 114

NOTE 02 "원하는 만큼만 얻게 된다" 117
— 래리 페이지(Larry Page) | 구글 창업주

Larry Page's NOTE 124

NOTE 03 "함께 갈 사람을 남겨라" 127
— 찰리 멍거(Charlie Munger) | 미국의 변호사 출신 투자가

Charlie Munger's NOTE 134

NOTE 04 "할 수 있다고 믿는 순간, 길이 열린다" 137
— 헨리 포드(Henry Ford) | 포드 자동차 창업주

Henry Ford's NOTE 144

NOTE 05 "실패는 다음 성공을 위한 데이터" 147
— 혼다 소이치로(Honda Soichiro) | 혼다 창업주

Honda Soichiro's NOTE 154

PART 04
결과를 바꾸는 문장들   156

NOTE 01   "재능은 시작일 뿐, 끝을 맺는 것은 태도"
                                                                          159
          — 하워드 슐츠(Howard Schultz) | 스타벅스 종신 명예회장

          Howard Schultz's NOTE   166

NOTE 02   "혼자 가면 빨리 가지만, 함께 가면 멀리 간다"
                                                                          169
          — 워런 버핏(Warren Buffett) | 투자의 귀재, 버크셔 해서웨이 회장

          Warren Buffett's NOTE   175

NOTE 03   "부는 속도가 아니라 유지"
                                                                          177
          — 존 D. 록펠러(John D. Rockefeller) | 석유왕

          John D. Rockefeller's NOTE   184

NOTE 04   "미래는 예측하는 것이 아니라 설계하는 것"
                                                                          187
          — 손정의(Son Masayoshi) | 일본 소프트뱅크 그룹 회장

          Son Masayoshi's NOTE   194

NOTE 05   "이 선택은 사회에 도움이 되는가?"
                                                                          197
          — 마쓰시타 고노스케(Matsushita Konosuke) | 일본 파나소닉 창업주

          Matsushita Konosuke's NOTE   204

NOTE 06   "사무실이 아니라 현장에 해답이 있다"
                                                                          207
          — 샘 월턴(Sam Walton) | 월마트 창업주

          Sam Walton's NOTE   214

PART 05

오래 가는 삶을 만드는 문장들 216

NOTE 01 **"보는 대로 된다"**
— 나폴레옹 힐(Napoleon Hill) | 세계적인 성공학 연구자 219

Napoleon Hill's NOTE 226

NOTE 02 **"배움을 멈추는 순간, 성장은 끝난다"**
— 빌 게이츠(Bill Gates) | 마이크로소프트 창업주 229

Bill Gates's NOTE 237

NOTE 03 **"감정의 주인이 될 때 인생도 주인이 된다"**
— 레이 달리오(Ray Dalio) | 헤지 펀드 브리지워터 어소시에이츠 창립자 239

Ray Dalio's NOTE 247

NOTE 04 **"자유는 책임 없이 존재하지 않는다"**
— 인디라 누이(Indra Nooyi) | 펩시코 전 최고경영자(CEO) 249

Indra Nooyi's NOTE 256

NOTE 05 **"긍정은 위로가 아니라 계획"**
— 셰릴 샌드버그(Sheryl Sandberg) | 페이스북의 전 COO 259

Sheryl Sandberg's NOTE 266

Epilogue **가장 단순한 말이 가장 깊이 새겨진다** 268

PART

01

삶이 무너지는 순간,
다시 붙잡는 문장들

"끝까지 가 본 사람만 볼 수 있는 장면이 있다"

— 일론 머스크(Elon Musk) | 테슬라 최고경영자(CEO)

아직 끝이 아니다

사람이 목표 앞에서 멈추는 이유는 대부분 에너지가 바닥나서가 아니다. 기준이 흐려졌기 때문이다. 지치면 쉬면 된다. 속도가 느려지면 방향을 점검하면 된다.

문제는 멈춤 자체가 아니다. 마음속에 이런 질문이 올라오는 순간이다.

"이 정도면 충분하지 않을까?"

"여기까지 온 것만으로도 잘한 거 아닐까?"

이 질문은 누구에게나 떠오를 수 있다. 문제는 이 질문이 판단의 기준이 되는 순간이다. 그때 대부분 사람은 자신을 설득하며 멈춘다.

일론 머스크의 수첩에는 바로 이를 겨냥한 문장이 적혀 있었다.

"아직 끝이 아니다."

이 문장은 자신을 몰아붙이기 위한 구호가 아니다. 의욕을 끌어올리기 위한 것도 아니다. 감정이 판단을 앞지르지 못하게 막는 말에 가깝다.

머스크에게 이 말은 "무조건 버텨라"는 명령이 아니라 "아직 결론을 내릴 단계가 아니다"라는 진단이었다. 또한 지금 느끼는 피로가 정말 종착지를 의미하는지, 아니면 지나가는 과정인지 섣불리 단정하지 않기 위한 장치였다.

우리는 종종 감정을 사실로 착각한다. 힘들다는 느낌이 들면 이미 한계에 도달했다는 증거처럼 받아들인다. 하지만 머스크는 '지금 어렵다'는 상태와 '여기서 멈춰야 한다'는 결론을 의도적으로 분리했다. 그래서 "아직 끝이 아니다"라는 문장을 떠올리면서 성급한 결론에서 한발 물러서곤 했다. 대신 이렇게 물었다.

"정말로 가능한 선택을 모두 시도했는가?"

"이 어려움은 구조적인 문제인가, 일시적인 과정인가?"

이 질문이 작동하는 한, 결론은 유보된다. 그리고 그것은 다음 행동을 가능하게 만든다.

머스크는 포기하지 않는 사람이기보다, 끝을 함부로 정의하지 않는 사람이었다. 그래서 이 문장은 특별한 사람만을 위한 말이 아니다. 멈출지, 더 갈지를 고민하는 모든 순간에 필요한 기준이다. 즉, 계속하라는 맹목적인 주문이 아니라, 결론을 서두르지 말라는 차분한 경고에 가깝다.

기준이 흔들리지 않으면, 행동은 멈추지 않는다

머스크의 선택은 종종 과감해 보인다. 때로는 무모해 보이기도 한다. 그래서 사람들은 그의 결정을 타고난 배짱이나 성격으로 설명한다. 하지만 그의 판단 기준을 들여다보면 이야기는 달라진다.

머스크의 기준은 놀라울 만큼 단순하다. 그가 반복해서 던진 질문은 항상 비슷했다.

"정말 끝났는가?"

"아직 시도해 볼 여지는 있는가?"

"그렇다면 지금 무엇을 해야 하는가?"

이 질문의 순서가 유지되는 한 그는 절대 멈추지 않았다. 상황을 억지로 낙관하지도 않았고, 실패를 미화하지도 않았다. 다만 "지금은 아직 결론을 내릴 시점이 아니다"라는 기준만은 놓지 않았다.

스페이스X가 연이어 실패했을 때도 마찬가지였다. 외부의 시선은 "왜 계속 실패하는가?"에 머물렀지만, 그의 질문은 달랐다.

"우리는 어디까지 시도해 보았는가?"

이 질문은 변명이 아니었다. 가능성을 너무 빨리 닫지 않기 위한 판단의 기준이었다. 아직 검증하지 않은 선택이 남아 있다면, 끝났다고 말할 수 없다는 원칙. 그 기준이 행동을 이어가게 했다.

머스크의 수첩에 적힌 문장들은 미래를 예언하는 말이 아니다. 불안을 달래는 위로도 아니다. 지금 이 순간, 섣부른 결론을 막기 위한 최소한의 기준일 뿐이다.

실패는 감정이 아니라 정보

머스크는 실패를 먼저 평가하지 않는다. 판단을 멈추고, 상황을 들여다본다.

실패가 감정이 되는 순간 사람은 움츠러든다. 당연히 다음 선택 앞에서도 주춤한다. 하지만 실패를 정보로 다루기 시작하면 역할이 바뀐다. 실패는 멈춤의 이유가 아니라 다음 행동을 결정하는 재료가 된다.

머스크에게 실패는 능력 부족의 증거도, 의지를 시험하는 사건도 아니었다. 어디에서 어긋났는지, 어떤 조건이 작동하지 않았는지, 무엇을 조정해야 하는지를 알려주는 구체적인 데이터였다. 그래서 그의 수첩에는 이런 문장이 적혀 있었을 것이다.

"실패는 감정이 아니라 정보다."

이 문장은 인내를 요구하지 않는다. 실패를 견디라고 말하지도 않는다. 실패를 곧바로 다음 행동으로 연결하기 위한 말일 뿐이다.

이 기준이 있을 때 실패는 사람을 멈추게 하지 않는다. 오히려 방향을 더 또렷하게 만든다.

머스크에게 "포기하지 않는다"는 말은 비장한 선언이 아니었다. 그것은 오늘 할 일을 다시 정리하는 일이었고, 어제보다 조금 더 시도해 보는 하루의 선택에 가까웠다.

포기는 한 번의 결정으로 끝난다. 하지만 지속은 매일 다시 선택해야 한다. 오늘도 계속할 것인지, 아니면 여기서 멈출 것인지. 머스크는 초인적인 의지로 버틴 것이 아니다. 그저 매일 '아직 끝이 아니다'라는 기준을 한 번 더 적용했을 뿐이다. 기준이 명확했기에 행동은 자연스럽게 이어졌다. 지속은 고통스러운 의지가 아니라 하나의 습관이 되었다.

끝까지 간 사람만이 마주하는 장면

연속된 실패 끝에 찾아온 성공은 기적처럼 보일 수 있다. 하지만 그 결과는 우연이 아니라 피나는 노력의 결과이다. 끝을 너무 일찍 정의하지 않았고, 기준을 끝까지 유지했기에 도달할 수 있었기 때문이다.

머스크의 수첩에는 화려한 전략이 적혀 있지 않다. 대신 이런 문장들이 남아 있다.

"아직 끝이 아니다."

"실패는 정보다."

"오늘도 한 번 더."

이 문장들은 미래를 맞히기 위한 주문이 아니다. 성급한 판단을 막기 위한 최저선의 기준이다.

머스크를 다음 단계로 데려간 것은 특별한 재능도, 초인적인 의지도 아니었다. 이 단순한 문장들을 끝까지 지켜낸 태도였다. 그 태도가 반복되고 쌓여 사람들이 기적이라 부르는 결과에 이르렀을 뿐이다.

Elon Musk's NOTE

NOTE 01   아직 끝이 아니다.

멈추고 싶을 때 물어야 할 질문은 단 하나다.
"정말 끝까지 가 보았는가?"

NOTE 02   실패는 감정이 아니라 정보다.

감정은 사람을 멈추게 하고,
정보는 사람을 다시 움직이게 한다.

NOTE 03   오늘도 한 번 더

포기하지 않는다는 건 오늘 할 일을 다시 해보는 것이다.

NOTE 04   기준이 행동을 만든다.

기준이 흔들리지 않으면 행동은 자동으로 이어진다.

NOTE 05   끝까지 간 사람만이 보고 싶은 장면을 본다.

기적은 우연이 아니라 도전의 끝에서 만나는 풍경이다.

THE NOTE — Elon Musk

"포기하지 않겠다고 정한 순간, 선택지는 다시 생긴다."

"의심은 실패의 첫 번째 문장"

— 오프라 윈프리(Oprah Winfrey) | 미국 토크쇼의 여왕

의심은 사고의 '속도'를 바꾼다

대부분의 사람은 실패한 뒤에 무너진다고 생각한다. 하지만 실제로는 훨씬 이전부터 흔들린다. 결과가 나오기도 전에, 마음속에서는 이미 방향이 조금씩 틀어지기 때문이다. 그 시작은 늘 아주 사소한 질문이다.

"내가 과연 할 수 있을까?"

"이 선택이 맞는 걸까?"

"괜히 시작한 건 아닐까?"

이 질문들은 얼핏 보면 합리적이다. 신중해 보이고, 책임감 있어 보이기도 한다. 그러나 이 질문이 판단의 출발점이 되는 순간, 의심은 더 이상 감정이 아닌 선택 방식이 된다.

의심이 작동하기 시작하면 가장 먼저 달라지는 것은 기분이 아니다. 사고의 속도다. 의심이 없는 상태에서는 사람이 먼저 기준을 떠올린다. 그리고 그 기준에 맞춰 질문을 던진다. 하지만 의심이 작동하면 순서가 바뀐다. 질문이 먼저 튀어나오고, 기준은 그 질문에 맞게 뒤늦게 조정된다. 재미있는 것은 이때 사고가 빨라진 것처럼 느껴지곤 한다. 어떤 결정도 미루지 않고, 계산도 빨라지기 때문이다. 그러나 그것은 착각일 뿐이다. 실제로는 생각의 범위가 급격히 줄어든 상태다. 그러다 보니 멀리 내다보지 못하고, 지금 당장의 안전만 따지게 된다.

오프라 윈프리는 이를 가장 경계했다. 의심이 사고를 신중하게 만드는 것이 아니라, 사고가 머무는 시간과 거리를 짧게 만든다는 사실을 경험으로 알고 있었기 때문이다.

의심이 기준을 대신할 때

의심이 깊어질수록 사람은 미래를 바라보는 방식부터 달라진다. 기준이 살아 있을 때의 질문은 보통 이렇다.

"이 선택은 어디로 이어질까?"

"내가 가고 싶은 방향과 맞을까?"

하지만 의심이 기준을 대신하면 질문은 이렇게 바뀐다.

"이 선택은 위험하지 않을까?"

"지금 손해는 아닐까?"

미래가 방향의 문제가 아니라 회피의 문제가 되는 순간이다. 그렇게 되면 앞으로 무엇을 만들지 고민하기보다, 지금 무엇을 피해야 하는지부터 계산한다.

오프라는 의심이 커질수록 사람이 미래를 '만들 대상'이 아니라 '조심해야 할 변수'로 보기 시작한다는 점을 정확히 짚었다. 그래서 그녀는 미래를 위해 의심을 키우지 않았다. 대신 언제나 기준을 먼저 불러왔다.

의심이 위험한 또 하나의 이유는 책임이 이동하기 때문이다. 의심이 기준이 되면 사람들은 이런 말을 하기 시작한다.

"상황이 안 좋았다."

"조건이 불리했다."

"어쩔 수 없는 선택이었다."

말은 합리적이다. 하지만 그 안에는 분명한 변화가 있다. 책임이 선택에서 조건으로 옮겨 가기 때문이다.

오프라는 이를 허용하지 않았다. 결과가 좋든 나쁘든 선택의 책임만큼은 항상 자기 쪽에 남겨두었다. 그녀는 의심이 결정을 대신하도록 하지 않았다.

실패보다 위험한 것

의심이 오래 이어지면 선택의 크기는 점점 줄어든다. 큰 결단은 미뤄지고, 작은 수정만 반복된다. 겉으로 보면 매우 안정적인 것처럼 보인다. 하지만 실제로는 방향이 서서히 흐려진다.

오프라는 실패보다 작아지는 선택을 더 경계했다. 실패는 한 번에 끝나지만, 작아진 선택은 매일 반복되기 때문이다. 그 반복은 삶의 반경을 눈에 띄지 않게 줄여나간다.

오프라는 의심을 무시했다. 의심이 들면 그 자리에 머물지 않았다. 출발점으로 삼지도 않았다. 의심 뒤에는 언제나 같은 질문이 따라왔다.

"이 판단은 두려움에서 나온 걸까, 아니면 내가 세운 기준에서 나온 걸까?"

이 질문을 하는 순간, 의심은 중심에서 밀려난다. 그렇게 되면 의심은 참고 자료가 되고, 기준이 다시 자리를 잡는다.

오프라에게 자신을 믿는다는 것은 자신감을 키우는 일이 아니었다. 유지의 문제에 가까웠다. 기준을 유지할 수 있는가, 판단의 주도권을 유지할 수 있는가, 흔들려도 방향을 유지할 수 있는가… 이것이 무너지면 사람은 쉽게 멈춘다. 반대로 이것이 살아 있으면 불안 속에서도 움직일 수 있다.

오프라는 확신 없는 상태에서도 이것을 반복했다. 그 반복이 시간이 지나 사람들이 말하는 강한 신뢰가 되었을 뿐이다.

의심이 첫 문장이 되지 않게 하라

의심은 한 번으로 끝나지 않는다. 관리하지 않으면 의심은 사고의 기본값이 된다. 무언가를 시작하기 전부터 '안 될 이유'를 찾고, 선택하기도 전에 '물러날 구실'을 준비한다.

오프라는 이 습관을 초기에 끊었다. 의심을 느끼는 자신을 부정하지 않았고, 의심이 든다고 멈추지도 않았다. 다만 의심이 삶의 브레이크가 되지 못하게 했다.

의심은 언제든 등장할 수 있다. 그러나 의심이 이야기의 첫 문장이 되어서는 안 된다. 첫 문장은 언제나 기준이어야 한다. 의심은 그 기준을 점검하는 보조 문장일 뿐이다.

오프라가 지켜낸 것은 의심 없는 삶이 아니다. 의심이 있어도 삶의 방향을 넘기지 않는 태도였다.

Oprah Winfrey's NOTE

NOTE 01   **의심은 감정이 아니라 선택이다.**

의심은 느껴지는 것이 아니라, 판단의 출발점으로 삼는
순간 선택이 된다.

NOTE 02   **기준이 먼저 서야 질문이 의미를 지닌다.**

기준 없이 던진 질문은 생각의 범위를 줄인다.

NOTE 03   **의심은 사고의 속도를 바꾼다.**

의심이 앞서면 생각은 빨라지는 듯 보이지만, 실제로는
더 짧은 거리만 오간다.

NOTE 04   **미래는 피하는 대상이 아니라 만들어가는 것이다.**

의심이 기준이 되면 미래는 회피의 문제가 되고, 기준이
살아 있으면 설계의 문제가 된다.

NOTE 05   **작은 선택의 반복이 삶을 작게 만든다.**

실패보다 위험한 것은, 두려움에서 나온 작은 선택을 매
일 반복하는 것이다.

THE NOTE — Oprah Winfrey

"의심이 첫 문장이 되는 순간, 인생은 안전해지지만 작아진다."

NOTE 03

"사람은 한 번 더 버티는 힘으로 성장한다"

— 코비 브라이언트(Kobe Bryant) | 미국 프로농구 NBA의 전설

재능은 출발선일 뿐, 끝까지 데려다주지 않는다

코비 브라이언트는 흔히 '천재'로 불린다. 하지만 그의 커리어를 들여다보면, 재능이라는 단어만으로는 절대 설명할 수 없다.

코비는 자신을 재능에 기대는 선수로 생각하지 않았다. 오히려 재능의 한계를 누구보다 또렷하게 인식했다.

그는 항상 이렇게 말했다.

"재능은 출발선을 조금 앞당겨 줄 수는 있지만, 당신을 끝까지 데려다주지는 못한다."

시즌이 길어지고 몸이 무거워질수록, 부상이 겹치고 성적이 나오지 않을수록 재능은 설득력을 잃는다. 그때부터 사람을 앞으로 밀어붙이는 것은 타고난 감각이 아니라 오늘 하루를 대하는 태도라는 사

실을 코비는 경험으로 깨우쳤다.

코비에게 농구는 순간의 재능으로 승부가 갈리는 경기가 아니었다. 그는 단조로워 보일 만큼 매우 반복적인 삶을 살았다. 매일 같은 시간 체육관에 들어서고, 같은 동작으로 슛을 던지며, 수없이 반복한 기본 동작을 다시 확인하는 것이 일과였다. 관중이 가득 찬 경기장과 텅 빈 체육관에 홀로 있을 때의 훈련 강도 역시 다르지 않았다. 그에게 중요한 것은 '언제 잘하느냐'가 아니라 '언제나 같은 수준을 유지할 수 있느냐'였다.

코비는 재능보다 반복의 힘을 믿었다. 오늘의 컨디션이 어제보다 나쁠 수는 있어도, 오늘의 기준만큼은 어제보다 낮아지지 않게 하는 작은 선택들이 쌓여 커리어의 방향을 만든다고 생각했다.

이렇듯 코비 브라이언트의 위대함은 특별한 순간에 갑자기 나타난 것이 아니다. 오히려 특별할 것 없는 하루를 끝까지 정직하게 반복한 지독한 연습에서 나왔다.

포기를 미루는 질문

포기를 극적인 결단으로 생각하는 사람들이 간혹 있다. 모든 가능성이 사라진 뒤에야 내리는 선택처럼 말이다. 하지만 실제로 포기의 유혹은 훨씬 이른 시점에 찾아온다. 아직 한 번쯤 더 해볼 수 있을 것 같은 순간, 정말 끝이라고 말하기에는 애매한 순간 포기가 시작되기 때문이다.

몸 상태가 좋지 않은 날, 연패로 흐름이 끊긴 시기, 팀의 호흡이 어긋나는 순간마다 코비는 같은 질문 앞에 섰다.

"정말 여기까지가 끝인가?"

"아직 한 번 더 점검할 여지는 없는가?"

이 질문은 자신을 몰아붙이기 위한 채찍이 아니었다. 감정이 결론을 대신하지 못하게 하는 제동 장치였다. 그에게 포기는 감정의 문제가 아니었다. 그는 좌절이나 실망이 판단을 대신하게 하지 않았다. 항상 같은 질문에서 판단했다.

"지금은 결론을 내릴 때인가?"

그래서 그는 쉽게 멈추지 않았다. 상황이 낙관적이어서도, 승리를 확신해서도 아니었다. 아직 멈출 만큼의 근거가 충분하지 않다고 보았을 뿐이다.

코비가 말한 '한 번 더'는 의욕을 끌어올리는 말이 아니었다. 미래를 약속하는 위로도 아니었다. 그것은 지금 무엇을 할 것인가에 대한 판단이었다.

훈련이 끝난 뒤 동작을 한 번 더 점검하는 일, 지친 몸으로 스트레칭을 마무리하는 일, 패배의 원인을 피하지 않고 다시 들여다보는 일은 겉보기에는 사소하고, 즉각적인 성과도 없다. 그러나 이 선택들이 반복되면 하나가 달라진다. 기준이 생기는 것이다.

기준이 생기자 선택은 더욱 단순해졌다. 망설이는 데 쓰던 에너지는 줄었고, 몸이 부서질 듯 힘든 날에도 판단은 흔들리지 않았다.

그날의 컨디션이나 일시적인 감정이 결정의 중심에 서지 못하도록 철저히 분리했기 때문이다.

코비의 성장은 특별한 날에 일어나지 않았다. 극적인 승리나 역사적인 득점 장면에서만 만들어진 것도 아니었다. 그것은 기준을 지켜낸 수많은 평범한 날들, 아무도 주목하지 않는 고독한 시간 속에서 조용하지만 분명하게 진행되었다.

그는 알고 있었다. 사람을 목적지까지 데려가는 것은 단 한 번의 비장한 결심이 아니라는 것을, 무너지려 할 때마다 자신의 기준을 지켜낸 수많은 '한 번 더'가 결국 자신을 위대한 존재로 만들었다는 것을.

버팀에도 기준이 있다

코비는 '버틴다'는 말을 단순히 고통을 참고 견디는 것으로 생각하지 않았다. 이를 악물고 무작정 버티는 일은 결국 몸과 생각을 함께 소모할 뿐이라고 생각했다. 아무런 생각 없이 단순히 반복만 하는 행위만으로는 결코 성장할 수 없음을 그는 잘 알고 있었다.

그에게 버팀은 자신의 상황을 아는 데서 출발했다.

"지금 무엇이 어긋나 있는가?"

"어디까지가 나의 진짜 한계인가?"

"기준은 유지하되, 무엇을 조정할 수 있는가?"

냉정한 판단 위에서 지금 당장 할 수 있는 최선의 선택을 하루하루 반복하는 것, 그것이 코비가 정의한 '버팀'의 본질이었다.

몸에 통증이 쌓이면 무작정 코트에 서는 대신 훈련 강도를 조절하거나 회복 방식을 바꿨다. 경기가 뜻대로 풀리지 않으면 기술이나 루틴을 원점에서 다시 점검했다. 결코 같은 방식만을 고집하며 밀어붙이지 않았다. 계속하되 점검했고, 버티되 조정했다.

이 유연한 태도 덕분에 그의 커리어는 오래 버틴 시간의 기록에 머물지 않았다. 고통을 견딘 날들의 나열이 아니라, 판단하고 고치며 쌓아 올린 선택의 기록이 되었다.

한 번 더, 끝까지

코비 브라이언트 하면 사람들은 흔히 우승 반지의 개수나 압도적인 기록을 먼저 떠올린다. 화려한 커리어, '전설'이라는 수식어, 그리고 역사에 남을 성과들 말이다. 그러나 그가 세상에 남긴 가장 깊은 유산은 결코 숫자로 환산될 수 없는 것이었다.

그것은 아직 힘이 남아 있을 때, 혹은 포기해도 충분히 이해받을 수 있는 지점에서 기어코 한 걸음 더 나아간 사람만이 마주할 수 있다. 코비는 그것을 성공이라고 부르지 않았다. 영광이나 보상이라는 거창한 말도 쓰지 않았다. 단지 이렇게 말했을 뿐이다.

"거기까지 가 본 사람만이 아는 장면."

대부분의 성장은 조용히 일어난다. 어느 날 갑자기 삶의 궤적이 달라지는 일은 거의 없다. 진짜 변화는 포기해도 전혀 이상하지 않은 날, 아무도 멈춤을 탓하지 않을 바로 그 결정적인 순간에, 앞으로 나아가기를 택했던 단 한 번의 선택에서 시작된다.

코비 브라이언트는 그 선택을 몇 번 해낸 사람이 아니다. 그 선택을 수없이 반복한 사람이었다. 그래서 그의 이름은 타고난 천재성의 상징으로만 남지 않고, 끝까지 기준을 낮추지 않았던 사람, 마지막 순간까지 '한 번 더' 나아갔던 사람으로 기록되었다.

Kobe Bryant's NOTE

NOTE 01 재능은 출발선일 뿐이다.

재능은 시작을 앞당길 수는 있지만, 끝까지 가는 힘을 대신해 주지는 않는다.

NOTE 02 기준은 컨디션보다 위에 있다.

오늘의 몸 상태가 어떻든, 스스로 세운 기준만큼은 낮추지 않는다.

NOTE 03 '한 번 더'는 판단의 문제다.

포기는 감정에서 나오지만, 계속 간다는 선택은 언제나 기준에서 나온다.

NOTE 04 버틴다는 것은 참는 것이 아니라 조정하는 것이다.

무작정 참는 것이 아니라, 점검하고 고치며 계속 나아가는 것이다.

NOTE 05 위대함은 평범한 날에서 만들어진다.

아무도 보지 않는 날의 반복이 결국 커리어의 방향을 결정한다.

THE NOTE — Kobe Bryant

"사람은 재능으로 시작하지만, 한 번 더 버티는 힘으로 완성된다."

"오늘에 충실하라"

— 스티브 잡스(Steve Jobs) | 애플 창업주

오늘을 가볍게 쓰지 않는 사람

스티브 잡스의 삶을 관통한 원칙은 의외로 단순하다. 그는 미래를 낙관하지 않았다. 대신 '오늘을 허투루 쓰지 않겠다'는 기준을 끝까지 놓지 않았다.

많은 사람이 잡스를 미래를 예측한 천재로 기억한다. 그러나 그의 삶을 들여다보면, 그는 미래를 맞힌 사람이 아니라 오늘을 허투루 쓰지 않은 사람이었다.

잡스는 불확실한 내일에 기대어 안심하려고 하지 않았다. "다 잘될 거야" 같은 막연한 기대에도 기대지 않았다. 오히려 '지금, 이 순간 내가 무엇에 몰두하고 있는지', '이 시간을 어떤 마음으로 쓰고 있는지'를 집요하게 점검했다.

그에게 내일은 기대할 수는 있어도 기댈 수는 없었다. 상황에 따라 언제든 달라질 수 있고, 아무 일 없이 사라질 수도 있는 가정에 불과했기 때문이다. 그래서 그는 미래를 핑계로 결정을 미루지 않았다. 모든 결론은 언제나 '오늘' 안에서 내려야 한다고 생각했다.

그는 늘 스스로에게 현재형으로 질문을 던졌다.

"지금 내가 하는 일이 정말 의미 있는가?"

"오늘이 내 생의 마지막 날이라도, 나는 이 선택을 할 것인가?"

잡스에게 이 질문은 삶에서 불필요한 것들을 제거하는 필터였고, 길을 잃을 때마다 다시 꺼내 드는 기준이었다. 그는 미래를 믿지 않았기에 오늘을 가볍게 쓰지 않았다. 그리고 역설적으로, 그 성실한 오늘이 모여 먼 미래를 만들어냈다.

미래에 대한 불신이 만든 집중력

잡스는 몇 번이고 바닥까지 떨어져 본 사람이었다. 자신이 세운 회사에서 쫓겨났고, 가장 자신 있었던 분야에서조차 "판단이 틀렸다"라는 평가를 받아야 했다. 하지만 그는 눈앞의 불확실함을 억지로 외면하지 않았다. 현실을 낙관으로 포장하지 않았고, 자신을 달래는 말에 기대지도 않았다.

그는 미래를 장담할 수 없다는 불안을 집중력을 끌어올리는 재료로 삼았다. 내일이 불확실하다는 사실은 오늘을 대충 살 이유가 되지 않았다. 오히려 그 반대였다. 오늘을 허투루 보내면 붙잡을 수 있는 내일 자체가 사라질 수도 있다고 믿었기 때문이다.

잡스는 선택지를 줄였다. 할 수 있는 일을 늘리는 대신, 하지 않아도 되는 일을 먼저 덜어냈다. 중요하지 않은 회의, 의미 없는 사업 확장, 확신 없는 시도는 과감히 쳐냈다. 그리고 끝까지 붙들 가치가 있다고 믿는 것들만 책상 위에 남겼다. 이 과정에서 만들어진 단순함은 디자인 철학이기 이전에 삶을 대하는 방식이었다.

그는 복잡함을 능력으로 착각하지 않았고, 수많은 선택지를 자유라고 오해하지도 않았다. 덜어낼수록 집중은 깊어지고 판단은 또렷해진다는 사실을 알고 있었기 때문이다. 결국 그의 단순함은 지금, 이 순간에 자신을 온전히 걸기 위한 생존 조건이었다.

오늘의 선택이 내일의 방향을 만든다

잡스는 삶의 방향이 저절로 생기지 않는다는 사실을 알고 있었다. 삶은 지금, 이 순간의 선택들이 쌓인 뒤에야 뒤늦게 방향을 드러내기 때문이다. 그래서 그는 내일을 설계하는 데 에너지를 낭비하기보다, 오늘의 기준을 먼저 세우는 데 집중했다.

그의 기준은 단순했다.

"지금 이 일은 정말 내가 원해서 하는 것인가?"

"이 선택은 나를 조금이라도 더 나답게 만드는가?"

이 질문 앞에서 잡스는 조건이 아무리 좋아도 기준에 맞지 않으면 돌아섰다. 내일의 가능성을 좇기보다 오늘의 정직함을 지키는 쪽을 택한 것이다.

그는 오늘을 희생해 내일을 사겠다는 생각을 경계했다. 오늘 자신을 속이며 버틴 시간은 훗날 보상으로 돌아오는 것이 아니라, 다른 형태의 후회로 되돌아올 수 있다고 생각했기 때문이다. 잡스에게 중요한 것은 '언제 성공하느냐'가 아니었다. 지금, 이 순간 자신의 판단에 얼마나 솔직할 수 있느냐가 모든 것의 출발점이었다. 오늘의 선택을 스스로 속이지 않는 사람만이 내일의 결과 앞에서도 떳떳할 수 있다고 그는 믿었다. 그래서 그의 삶은 미래를 약속하는 말보다, 현재를 점검하는 질문들로 채워져 있었다.

오늘에 충실하다는 것의 진짜 의미

잡스가 말한 "오늘에 충실하라"는 말은 우리가 흔히 떠올리는 성실함과는 다르다. 더 오래 일하라는 뜻도, 주어진 일을 완벽하게 해내라는 주문도 아니었다. 무의식적으로 흘러가지 말고, 의식적으로 선택하라는 뜻이었다.

잡스에게 중요한 것은 모든 일을 해내는 능력이 아니었다. 지금, 이 순간 반드시 붙들어야 할 한 가지에 자신을 온전히 거는 일이었다. 그래서 그는 무엇을 더 할지를 고민하기보다, 무엇을 내려놓을지를 먼저 결정했다.

그 선택은 쉽지 않다. 단순히 하기 싫은 일을 미루는 문제가 아니라, 지금 하지 않아도 될 일을 골라내는 일이기 때문이다. 하지만 그는 선택하지 않은 것들이 차곡차곡 쌓여야만 정말 중요한 것에 시간과 에너지를 온전히 쏟을 수 있다는 사실을 알고 있었다.

잡스의 절제는 참고 견디는 인내가 아니었다. 치밀하게 선택하고 설계하는 방식에 가까웠다. 그는 시간을 쪼개 쓰는 기술보다, 집중력을 흩트리는 일들을 미리 덜어내는 쪽을 택했다. 그러자 중요한 일에 쓸 시간과 집중력이 확보되었다. 그래서 그는 늘 바쁜 상태를 경계했다. 하루가 일정으로 가득 차 있는 것과 하루가 의미 있게 쓰이는 것은 다르다고 보았기 때문이다.

그에게 중요한 것은 일정이 얼마나 빽빽하냐가 아니었다. 무엇을 선택했고, 무엇을 내려놓았는지가 그날의 가치를 결정했다. 그래서 그는 하루를 마치며 처리한 일이 아니라, 덜어낸 것과 집중한 것을 점검했다.

"불필요한 일을 얼마나 줄였는가?"

"정말 중요한 것에 집중했는가?"

잡스에게 좋은 하루란 더 채운 하루가 아니었다. 중요하지 않은 것을 덜어내고, 가장 중요한 한 가지만 남긴 하루였다.

미래를 믿지 말고 오늘을 선택하라

잡스의 말은 우리를 안심시키는 위로와는 거리가 멀다. 불확실한 미래를 낙관하라고 다독이지도 않는다. 오히려 현실 앞에서 주춤해질 때마다 "그래서 지금, 무엇을 선택할 것인가?"라고 되묻는 질문에 가깝다.

내일이 불확실할수록 오늘의 선택은 더 중요해진다. 잡스는 미래를 믿으라고 말하지 않았다. 대신 불안을 이유로 오늘을 흘려보내지 말라고 요구했다.

그에게 중요한 것은 내일에 대한 기대가 아니라 오늘의 선택이었다. 그는 하루를 마칠 때마다 스스로에게 확인했다. 오늘의 선택은 괜찮았는지, 오늘의 판단은 나를 속이지 않았는지.

잡스는 미래를 약속하지 않았고, 성공을 보장하지도 않았다. 다만 오늘을 어떻게 살 것인지만큼은 놓지 않았다. 의미 없는 일에 시간을 쓰지 않았고, 중요하다고 믿는 한 가지에 에너지를 쏟았다. 그렇게 쌓인 하루들이 어느 순간 하나의 방향이 되었고, 그 방향은 우리가 알고 있는 '스티브 잡스'라는 이름으로 남았다.

잡스의 철학이 시간이 지나도 힘을 갖는 이유는 막연한 희망을 주기 때문이 아니다. 오늘이라는 시간을 대충 넘기지 않게 만드는 분명한 질문을 던지기 때문이다.

Steve Jobs's NOTE

NOTE 01 | **내일은 계획이 아니라 가정이다.**

미래는 언제든 바뀔 수 있다.
그래서 기준은 늘 '오늘'에 있어야 한다.

NOTE 02 | **질문은 언제나 현재형이어야 한다.**

"지금 이 선택이 의미 있는가?"라는 질문이 삶의 방향을
지켜준다.

NOTE 03 | **집중은 더하는 능력이 아니라 덜어내는 용기다.**

중요하지 않은 것을 내려놓을수록, 진짜 중요한 한 가지
가 또렷해진다.

NOTE 04 | **충실함은 바쁘게 사는 것이 아니라 몰입하는 것이다.**

많은 일을 해낸 하루보다, 한 가지에 온전히 몰입한 하루
가 더 중요하다.

NOTE 05 | **오늘에 충실한 사람만이 내일을 만든다.**

미래는 준비하는 것이 아니라, 오늘의 선택이 쌓여 만들
어진다.

THE NOTE — Steve Jobs

"내일을 붙잡으려고 애쓰지 마라. 오늘 최선을 다해야 한다."

"익숙해지는 순간, 성장은 멈춘다"

— 리드 헤이스팅스(Reed Hastings) | 넷플릭스 창업주

익숙함이라는 위험한 신호

대부분 사람은 상황이 반복되면 금세 안도한다. 겉보기에 큰 문제가 없어 보이면 굳이 손댈 이유를 찾지 않고, 어제와 크게 다르지 않은 오늘이 이어지면, 그 상태를 '안정'이라 부르며 마음을 놓는다.

리드 헤이스팅스는 바로 그 순간을 가장 위험하다고 생각했다. 그에게 익숙함은 편안함이 아니라 변화가 멈췄다는 신호에 가까웠다. 시스템이 잘 돌아간다는 느낌은 곧 내부에서 질문이 사라지고 있다는 뜻이기 때문이다.

넷플릭스가 성장 궤도에 올랐을 때도 마찬가지였다. 성과가 눈에 보이고 평가가 좋아질수록, 그는 오히려 불편한 질문을 던졌다. 분위기를 띄우는 격려보다 판단의 바닥을 흔드는 질문부터 꺼냈다.

"지금, 이 방식이 최선인가?"

"만약 오늘 회사를 만든다면, 우리는 지금과 같은 결정을 할까?"

이 질문은 문제가 생겼을 때가 아니라 모든 것이 잘 돌아가고 있을 때 더 자주 등장했다. 잘된다는 이유로 생각을 멈추는 순간이 가장 빠르게 뒤처지는 시점임을 그는 알고 있었다.

헤이스팅스에게 중요한 것은 지금의 성공을 '지키는 일'이 아니었다. 성공에 안주하지 않도록 만드는 구조를 유지하는 일이었다. 익숙함을 의심하고, 지금의 선택을 다시 처음부터 들여다보는 그 불편함을 견디는 힘이 넷플릭스를 계속 움직이게 했다.

그래서 그는 늘 같은 질문으로 돌아왔다.

"지금의 익숙함은 모든 것이 옳기 때문인가, 아니면 질문을 멈췄기 때문에 유지되는 것인가?"

이 질문이 살아 있는 한 조직은 아직 움직이고 있다고 그는 믿었다. 그에게 혁신은 거창한 구호가 아니라, 당연해 보이는 일상에 균열을 내는 질문의 반복이었다.

잘되고 있을 때, 가장 먼저 의심해야 하는 이유

대부분의 조직은 위기가 닥쳐서야 변화를 말한다. 성과가 흔들리고 외부 압박이 커지고 나서야 "이제는 바꿔야 한다"는 말이 나온다. 그래서 변화는 종종 뒤늦은 대응에 머무르고 만다.

헤이스팅스는 이런 방식 자체를 신뢰하지 않았다. 그는 위기보다 안정을 더 경계했다. 모두가 안심하는 순간, 조직은 질문을 멈추고 변화에 둔감해진다는 사실을 알고 있었기 때문이다.

그에게 위험 신호는 매출 하락이 아니라 평온함이었다. 아무런 불협화음 없이 돌아가는 시스템은 변화에 둔감해졌다는 증거다. 그래서 그는 가장 잘나갈 때, 오히려 이 질문을 던졌다.

"지금 이 모델이 잘 작동한다는 사실이, 미래의 생존까지 보장하는가?"

이때 그의 기준은 분명했다. 지금의 성공이 다음 단계로 가는 발판이 되지 못한다면, 그 성공은 자산이 아니라 걸림돌이 된다고 생각했다. 변화는 멋지게 포장한 구호가 아니라, 성공이 굳어지기 전에 자신을 다시 불편한 상태로 돌려놓는 전략이었다.

헤이스팅스의 결정은 불안에 휩쓸린 반응이 아니었다. 변화 자체를 즐겨서 움직인 것도 아니었다. 그가 움직인 이유는 단순했다. 익숙함은 판단을 무디게 만든다는 사실을 알고 있었기 때문이다.

그가 붙들었던 질문은 하나였다.

"이 방식이 앞으로도 계속 유효한가?"

지금은 잘 작동하더라도 환경이 바뀌었을 때 같은 힘을 낼 수 있는지, 그는 냉정하게 따져 물었다. 그래서 그는 조직을 성공의 크기보다 변화에 반응할 수 있는 상태로 평가했다. 내부에 불편한 질문이 살아 있는지, 기존 방식을 처음부터 다시 검토할 여지가 남아 있는지를 살폈다.

그가 가장 경계한 것은 익숙함이 쌓이는 속도였다. 익숙해질수록 질문은 줄고, 질문이 사라질수록 선택은 습관이 된다. 그 순간부터 결정은 생각의 결과가 아니라 관성의 결과가 된다. 그리고 조직은 미래를 준비하기보다 과거의 성공을 관리하는 데 에너지를 쓰기 시작한다. 이에 그는 조직이 편안해지기 직전, 의도적으로 점검을 걸었다. 성공을 축하하기보다 의심했고, 안정된 구조를 지키기보다 그 구조의 취약점을 먼저 확인했다. 헤이스팅스에게 변화는 두려움의 반응이 아니라 사고를 살아 있게 만드는 장치였다.

익숙함은 사람도 무디게 만든다

헤이스팅스의 철학은 조직 운영 방식에서도 드러난다. 넷플릭스가 자유와 책임을 강조한 이유도 여기에 있다. 그는 규칙으로 사람을 보호하는 조직보다, 구성원이 스스로 판단하도록 요구받는 조직이 더 오래 살아남는다고 생각했다.

그가 규칙을 부정한 것은 아니다. 다만 규칙이 늘어날수록 사람의 생각은 줄어든다고 믿었다. 절차가 정교해질수록 판단은 자동으로 굴러가기 마련이다. 사람들은 "규정대로 했다"는 말 뒤에 숨고, 결정의 무게는 시스템으로 넘어간다.

헤이스팅스는 이 상태를 조직이 가장 빨리 늙는 순간이라고 보았다. 겉으로는 안정되어 보이지만, 예상치 못한 상황 앞에서는 정해진 규칙이 무용지물이 된다. 스스로 판단해 본 경험이 없는 조직은 얼어붙기 때문이다. 그래서 그는 세세한 규정 대신 몇 가지 분명한 기준만 남겨두었다. 그리고 그 기준을 각자가 해석하고 선택하도록 맡겼다. 그에게 자유란 편하게 누리는 권리가 아니라, 계속해서 판단해야 하는 조건이었다.

이 방식은 편하지 않았다. 결정의 이유를 스스로 설명해야 했고, 실수의 책임도 피할 수 없었다. 하지만 그는 바로 그 불편함이 조직을 살아 있게 만든다고 믿었다. 좋은 조직이란 사람을 편하게 해주는 곳이 아니라, 사람이 계속 판단하게 만드는 곳이라는 확신이었다.

변화는 용기가 아니라 습관

헤이스팅스가 보여준 변화는 한 번의 결단으로 끝나는 것이 아니다. 그의 변화는 일상 속에 있었다. 눈에 띄지 않지만 끈질기게 반복되는 질문의 형태로 존재했을 뿐이다.

그는 변화를 영웅적인 선택으로 포장하려 하지 않았다. 오히려 변화가 '거대한 결심'이어야만 가능한 조직은 이미 스스로 고치기 어려운 상태라고 봤다. 그래서 변화를 특별한 결심이 아니라 습관으로 만들고자 했다.

익숙해지기 직전, 성과가 안정 궤도에 올랐을 때, 조직이 안도의 숨을 쉬는 그 순간에 그는 다시 묻는다.

"지금도 이 방식이 여전히 최선인가?"

"우리가 회사를 처음부터 다시 만든다면, 그때도 같은 선택을 할까?"

이 질문은 도발이 아니라 점검 장치였다. 선택이 타성에 젖어 굳어지는 것을 막기 위한 장치. 그는 조직이 스스로에게 질문하지 않는 순간, 변화의 기회는 이미 멀어졌다고 판단했다.

넷플릭스의 변화는 거창한 혁신 선언에서 시작되지 않았다. 익숙한 방식에 대한 작은 의심, "지금도 괜찮은가?"라는 질문을 놓지 않는 데서 출발했다. 그것이 쌓여 조직은 멈추지 않고 바뀔 수 있었다.

익숙함을 위험 신호로 읽는 질문

익숙함은 달콤하다. 깊이 고민하지 않아도 되고, 매번 선택의 이유를 설명하지 않아도 된다. 하던 대로만 움직이면 되니 실패할 가능성도 줄어든다. 그래서 사람들은 이 단계에 이르면 "이제 안정됐다"고 안심한다.

헤이스팅스는 바로 그 순간을 위험하다고 봤다. 익숙함은 당장의 불안을 덜어주지만, 동시에 생각의 속도를 늦추고 성장을 멈추게 하기 때문이다. 눈앞의 문제는 줄어들지 몰라도, 다가올 변화에 대응할 힘은 조용히 약해진다.

아마 그의 수첩에는 이런 질문이 반복됐을 것이다.

"지금 이 편안함은 정말 안전한가?"

이 질문은 성과를 부정하기 위한 것이 아니다. 지금의 성공이 내일의 발목을 잡는 짐이 되지 않았는지 확인하는 최소한의 점검이다.

그 질문을 놓지 않을 때 조직은 한 번의 성공에 머물지 않는다. 익숙함을 그대로 두지 않겠다는 단 하나의 질문이, 다음 변화를 시작하게 만든다.

Reed Hastings's NOTE

NOTE 01   **익숙함은 안정이 아니라 정체의 신호다.**

모든 것이 잘 돌아간다고 느껴질 때, 변화는 이미 멈추고 있을 수 있다.

NOTE 02   **잘될 때 던지는 질문이 조직을 살린다.**

문제가 없을수록 "지금도 최선인가?"를 먼저 묻는다.

NOTE 03   **성공은 지킬 대상이 아니라 점검의 대상이다.**

현재의 성과가 다음 단계로 이어질 수 있는지부터 확인해야 한다.

NOTE 04   **규칙보다 기준이 사람을 움직인다.**

절차가 늘수록 판단은 줄고, 기준이 살아 있을수록 선택은 살아난다.

NOTE 05   **가장 위험한 선택은 '아무것도 바꾸지 않는 것'이다.**

실패할 가능성보다, 정체될 가능성을 더 경계하라.

THE NOTE — Reed Hastings

"익숙해지는 순간, 성장은 조용히 멈춘다."

PART

02

방향을 잃었을 때
다시 적는 문장들

"질문이 방향을 만든다"

— 피터 틸(Peter Thiel) | 페이팔, OpenAI 공동 설립자

답은 과거에 있고, 질문은 미래에 있다

대부분의 사람은 답을 찾는 데 익숙하다. 어떻게 해야 성공하는지, 무엇을 하면 실패를 줄일 수 있는지, 지금 가장 안전한 선택은 무엇인지 묻는다. 얼핏 합리적으로 보이지만, 이 질문들은 대부분 이미 정해진 틀 안에서만 움직이게 만든다.

답을 찾는 일은 누군가가 그려둔 지도 위에서 가장 빠른 길을 고르는 것과 비슷하다. 편리하지만, 지도 밖으로 나갈 용기를 주지는 않는다. 남들이 정한 기준에서 더 잘 움직이는 능력과 아예 새로운 길을 만드는 능력은 다르다.

피터 틸은 이 사실에 주목했다. 그는 답을 빨리 찾는 사람보다 질문을 다르게 던질 줄 아는 사람이 세상을 바꾼다고 생각했다. 그가 남긴 문장은 단순하지만 묵직하다.

"좋은 답보다 중요한 것은 좋은 질문이다."

이 말은 지식이나 경험을 무시하라는 뜻이 아니다. 답은 과거에서 나온다. 이미 일어난 일, 검증된 방식, 성공 사례. 반면 질문은 미래를 향한다. 당연한 전제를 의심하게 하고, 아직 없던 가능성을 상상하게 만든다.

질문이 달라지면 출발선 자체가 바뀐다. "어떻게 경쟁에서 이길 것인가?"는 기존 시장 안의 싸움을 전제로 하지만, "굳이 이 시장에서 싸워야 하는가?"는 판을 새로 짠다. 틸이 말한 '제로 투 원(0 to 1)'의 사고는 이런 전환에서 시작된다.

그는 안전한 답만 찾는 것을 위험하다고 봤다. 답은 우리를 안심하게 하지만, 질문은 불편함을 남긴다. 그리고 새로운 길은 대부분 그 불편함 속에서 드러난다.

남들과 다른 답이 아니라, 다른 질문을 던지는 사람

틸이 강조한 것은 똑똑해지는 법이 아니라, 남들과 다른 방향으로 생각하는 법이었다. 이에 틸은 이미 니의 있는 답은 잘 외우는 사람이 아니라, 아직 아무도 던지지 않은 질문을 끝까지 붙잡고 늘어지는 사람을 원했다.

피터 틸의 질문은 단순하다.

"아무도 믿지 않지만, 당신만이 확신하는 진실은 무엇인가?"

이 질문에 답하려는 순간, 우리는 가장 익숙한 안전장치에서 떨어져 나온다. 이미 검증된 논리, 많은 사람이 동의하는 방향, 틀리더라도 책임을 나눌 수 있는 선택지 등 모든 보호막이 사라진다. 남는 것은 하나다. 아직 증명되지 않았고, 어쩌면 틀릴 수도 있지만, 그럼에도 스스로 책임지겠다고 말할 수 있는 용기. 그래서 대부분의 사람은 이 질문 앞에서 한 발 물러선다. 틀릴 가능성은 줄이고 싶고, 설명하기 쉬운 길을 택하고 싶기 때문이다. 그러다 보니 이미 성공 사례가 있는 문제만 다시 묻고, 이미 누군가 답해 놓은 방향을 따라간다. 안전하기 때문이다. 하지만 새로운 결과를 만들지는 못한다.

틸은 모두가 같은 질문을 한다면, 아무리 뛰어난 답을 내놓아도 결국은 같은 출발선에 서게 된다고 생각했다. 그는 경쟁에서 이기는 방법을 고민하지 않았다. 경쟁이 벌어지는 구조 자체를 바꾸려 했다. 모두가 달리는 트랙 위에서 조금 더 빠르게 뛰는 대신, 아예 다른 트랙을 만드는 선택이었다. 그 출발점이 바로 질문이다. 그래서 남들과 다른 답이 아니라, 남들이 아예 던지지 않은 질문을 했다.

"왜 반드시 이 방식이어야 하는가?"

"이 시장은 정말 포화 상태인가?"

"모두가 당연하다고 믿는 전제는 무엇인가?"

틸이 던진 질문은 정답을 주기 위한 것이 아니다. 스스로의 판단을 어디까지 책임질 수 있는지를 묻는 기준에 가깝다. 그리고 그 기준을 통과한 질문만이 완전히 새로운 시작을 가능하게 만든다.

틸에게 혁신이란 남들보다 더 빠르게 달리는 일이 아니었다. 아예 다른 방향으로 걷기 시작하는 일이었다. 그 출발점에는 언제나 이 단순하지만, 불편한 질문이 놓여 있었다.

질문은 생각의 결과이자 미래의 나침반

질문은 단순한 호기심의 표현이 아니다. 어떤 질문을 던지는지를 보면 그 사람이 세상을 어떻게 보고 있는지가 드러난다. 질문은 생각의 출발점이자, 이미 굳어진 사고방식의 결과이기 때문이다.

예컨대, "어떻게 하면 남들보다 빨리 갈 수 있을까?"에는 비교와 경쟁이 전제되어 있다. 이 질문에서는 속도만 중요해지고, 방향은 뒷전으로 밀린다. 반면 "왜 꼭 이 방식이어야 할까?"라는 질문은 다르다. 이 질문은 빠르냐 느리냐가 아니라, 구조 자체를 다시 보게 만든다.

남들이 "어떻게 더 빨리 갈까?"를 고민할 때, 틸은 "이 길은 왜 여기 있는가?"를 물었다. 답을 찾기보다 판을 새로 짜기 시작한 것이다.

"왜 은행은 이렇게 느릴까?"

"왜 결제는 이렇게 복잡할까?"

"기술은 왜 삶을 더 단순하게 만들지 못할까?"

이 질문들은 당장 필요한 답을 요구하지 않는다. 대신 "지금 방식 말고 다른 선택지는 없는가?"를 계속 묻고 또 묻는다.

질문이 달라지자, 보이는 선택지도 달라졌다. 기존 시스템을 조금 고치는 데서 벗어나, 완전히 다른 구조를 상상할 수 있게 된 것이다. 경쟁에서 이기는 방법이 아니라, 경쟁할 필요 없는 영역을 만든 이유다.

틸에게 질문은 답을 얻기 위한 수단이 아니었다. 어디로 가야 할지를 정하는 기준이었다. 방향이 정해지면 방법은 자연스럽게 따라온다고 믿었기 때문이다. 그래서 그의 질문은 단순하지만 불편했다. 익숙한 생각을 흔들고, 안전해 보이던 길에서 벗어나게 했다. 하지만 바로 그 덕분에 전혀 다른 결과가 가능해졌다.

질문은 실행을 미루기 위한 도구가 아니다

질문이 늘 앞으로 나아가게 하는 건 아니다. 질문을 붙잡고 제자리에 머무는 사람도 적지 않다. 그래서 질문이 실행을 미루는 핑계가 되기도 한다. 하지만 틸에게 질문은 멈추기 위한 장치가 아니라 움직이기 위해 통과해야 하는 기준이었다.

틸은 질문을 던진 뒤 그 자리에 오래 머물지 않았다. 질문이 명확해지면 곧바로 다음 단계로 넘어갔다.

"이 질문이 맞다면, 지금 무엇을 실제로 해봐야 하는가?"

"이 가설이 옳은지 확인하려면, 어떤 실험이 필요한가?"

그에게 좋은 질문은 생각을 깊게 만드는 질문이 아니라, 작게라도 행동하게 만드는 질문이었다. 질문이 머릿속에만 머물면 안전하지만, 실행으로 옮기는 순간 위험이 커지고 가능성도 함께 열린다. 그는 그 위험을 감수하는 쪽을 택했다. 그래서 그의 질문은 언제나 다음 행동을 전제로 설계되어 있었다.

질문은 시간이 흐르면 기준이 된다

억만장자들의 수첩을 들여다보면 공통점이 있다. 화려한 계획표보다 질문이 훨씬 더 많이 적혀 있다. 무엇을 할지 적어두기보다, 어떤 기준으로 판단할지를 남겨둔 것이다.

피터 틸 역시 마찬가지였다. 그는 답을 길게 적지 않았다. 대신 스스로에게 던질 질문을 수첩에 남겼다. 답은 상황에 따라 바뀔 수 있지만, 질문은 판단의 방향을 오래 붙잡아 주기 때문이다.

틸은 이렇게 생각했다. 계획은 언제든 수정할 수 있다. 하지만 질문이 없으면, 수정의 기준도 함께 사라진다. 그 순간부터 선택은 흔들리고, 결정은 남의 판단에 기대기 시작한다. 그래서 그의 질문은 늘 근본을 향했다.

"이 문제는 정말 중요한가?"

"남들이 모두 하고 있다는 이유로 붙잡고 있는 것은 아닌가?"

"지금의 선택은 경쟁이 아니라 모방에 가까운가?"

이 질문들은 당장 행동을 재촉하지 않는다. 오히려 속도를 늦춘다. 하지만 그 느림 덕분에 잘못된 방향으로 전력 질주하는 일을 막아준다.

억만장자들의 수첩에 질문이 많은 이유도 여기에 있다. 그들은 답을 빨리 찾는 사람이라기보다, 틀린 질문을 오래 붙잡지 않으려는 사람들이었다. 무엇을 해야 하는지를 고민하기 전에, 무엇을 고민할 가치가 있는지를 먼저 가려냈다.

질문은 행동을 대신하지 않는다. 하지만 행동의 질을 완전히 바꾼다. 같은 선택을 하더라도 어떤 질문에서 출발했는지에 따라 그 선택은 전혀 다른 결과로 이어진다. 그래서 그들의 수첩은 미래를 예측하기 위한 도구가 아니라, 판단이 흐려질 때마다 다시 돌아올 기준에 가까웠다.

답은 시간이 지나면 낡아진다. 하지만 질문은 오래 남아 다음 선택의 방향을 다시 세워준다.

Peter Thiel's NOTE

NOTE 01   **답보다 질문이 먼저다.**

대부분의 사람은 정답을 찾으려 하지만,
방향을 바꾸는 것은 언제나 질문이다.

NOTE 02   **모두가 묻는 질문은 이미 늦었다.**

경쟁이 치열한 이유는 질문이 같기 때문이다.
남들이 묻지 않는 질문이 기회를 만든다.

NOTE 03   **질문은 현실을 의심하는 기술이다.**

"왜 이렇게 해야 하는가?"를 묻지 않는 순간,
관습은 진리가 된다.

NOTE 04   **질문은 행동을 요구한다.**

좋은 질문은 생각에서 끝나지 않는다. 전략과 선택,
실행을 강제로 끌어낸다.

NOTE 05   **질문이 곧 당신의 한계다.**

질문이 작으면, 인생도 작아진다. 어떤 질문을 던지느냐
에 따라 볼 수 있는 세계의 크기가 달라진다.

THE NOTE — Peter Thiel

"아무도 묻지 않는 질문 하나가, 인생의 방향을 바꾼다."

"비교가 멈춘 자리에서 인생은 다시 시작된다"

— J.K. 롤링(J.K. Rowling) | 소설 《해리 포터》 시리즈 작가

비교는 삶의 방향을 흐린다

우리는 본능적으로 타인과 자신을 비교하는 데 익숙하다. 누가 더 빨리 가는지, 누가 먼저 성공했는지, 누가 더 일찍 도착했는지 등을 확인하며 자신의 위치를 가늠한다.

J.K. 롤링은 비교가 주는 가장 큰 해악은 단순히 열등감이나 좌절감을 넘어선다고 말했다. 비교는 삶의 방향을 잃게 하기 때문이다. 비교를 시작하는 순간 삶의 기준은 내가 아닌 타인의 속도와 성과에 맞춰진다. 그때부터 질문 역시 미묘하게 달라진다. "나는 어디로 가고 있는가?"가 아닌 "나는 왜 저만큼 못 가는가?"를 묻게 된다. 이 질문은 자신을 채찍질하는 듯 보이지만, 자존감을 갉아먹고, 결국 삶의 방향을 흔들리게 한다.

롤링 역시 이를 직접 경험했다. 다른 작가들의 성공 소식이 들릴 때마다 자신이 뒤처진 것처럼 느껴졌고, 남들의 방식이 더 옳아 보이기도 했다. 그럴수록 자신이 정말 쓰고 싶었던 이야기, 자신만의 리듬과 문체, 반드시 붙들어야 할 삶의 중심이 조용히 흐려지고 있다는 사실을 깨달았다.

비교는 단번에 삶을 망치지는 않는다. 조금씩, 아주 천천히 방향 감각을 빼앗아 간다. 그리고 곧 내가 왜 출발했는지조차 잊게 한다.

롤링이 비교의 늪에서 빠져나올 수 있었던 이유는 질문의 화살표를 다시 자신에게 돌려놓았기 때문이다. 그녀는 남과 나를 비교하는 대신 오늘의 나와 어제의 나를 비교하기 시작했다. 그리고 타인의 성취가 아니라 자신이 쓰고 싶은 이야기로 기준을 되돌렸다. 이에 대해 그녀는 이렇게 말했다.

"비교는 나를 더 나아지게 만들지 않는다. 다만, 내가 가야 할 길을 다른 사람의 길로 바꿔놓을 뿐이다."

속도를 잃고, 방향을 얻다

《해리 포터》가 세상에 나오기 전, J.K. 롤링의 삶은 성공이라는 단어와 거리가 멀었다. 홀로 아이를 키워야 했으며, 하루를 어떻게 버틸지부터 계산해야 하는 날의 연속이었다. 앞날을 그릴 여유도, 자신을 포장할 수식어도 없었다.

그 시절 그녀에게는 남과 자신을 비교할 힘조차 남아 있지 않았다.

그런데 아이러니하게도 그 막막한 지점에서 오히려 한 가지 사실이 분명해졌다.

"지금 내가 할 수 있는 건 이것뿐이다."

남의 성공을 부러워할 여유도, 자신의 속도를 측정할 마음도 없던 시기였다. 그녀는 선택지를 늘리는 대신 단 하나에 집중했다. 오늘 쓸 문장 하나, 지금 이어가야 할 이야기 한 줄에 모든 것을 걸었다. 그 시간은 화려함과는 거리가 멀었다. 카페 구석에서 아이가 잠든 사이 조심스럽게 노트를 펼치고, 문장을 쓰다 지우기를 반복하던 날들의 연속이었다. 대단한 성과를 기대하기보다, 그날그날 자신과의 약속을 지켜내는 것에 가까운 날들이었다.

롤링에게 바닥은 절망의 끝이 아니라, 비교가 더 이상 작동하지 않는 최후의 보루였다. 타인의 시선이 사라지고 오직 자신의 목소리만 선명하게 남는 자리였다. 그곳에서 그녀는 어떤 이야기를 써야 팔릴지가 아니라, 자신이 쓰지 않으면 안 되는 이야기가 무엇인지를 비로소 다시 들을 수 있었다.

비교가 멈추자, 방향이 돌아왔다. 속도를 따질 수 없게 되자, 자신만의 리듬이 생겼다. 그렇게 조용히 시작된 문장들이 전 세계 독자들에게 닿았다는 사실은 그저 나중에 따라온 결과일 뿐이다.

롤링의 이야기가 우리에게 주는 메시지는 명확하다. 때로는 모든 것이 잘 풀리는 시기보다, 아무것도 비교할 수 없는 처절한 시기가 삶의 중심을 되찾게 한다. 그리고 그 단단한 중심에서 길어 올린 단한 줄의 문장이, 결국 인생의 방향을 바꾸어 놓는다.

비교를 버리고 기준을 세우다

롤링은 어느 순간부터 성공의 기준을 바깥에서 찾지 않기로 했다. 잘 팔리는지, 얼마나 주목받는지, 남들보다 얼마나 앞서 있는지는 더 이상 그녀에게 중요하지 않았다. 이때 그녀가 세운 기준은 오직 하나였다.

"이 이야기를 끝까지 쓸 수 있는가?"

기준은 놀랄 만큼 단순했지만, 그렇기에 그 무엇보다 강력했다. 오늘 남보다 뒤처졌는지는 더 이상 중요하지 않았다. 누군가는 더 빨리 쓰고, 누군가는 먼저 인정받을 수도 있었다. 그 모든 비교를 단호히 밀어내고 그녀가 붙든 질문은 이것이었다.

"어제의 나보다 오늘 한 문장이라도 더 나아갔는가?"

비교는 늘 결과를 묻는다. 얼마나 팔렸는지, 어디까지 도달했는지, 누가 더 앞서 있는지를 끈질기게 따진다. 반면, 기준은 과정을 묻는다. 오늘도 글쓰기를 이어 나갔는지, 중간에서 포기하지 않았는지, 스스로와 정한 약속을 지켰는지를 집요하게 돌아본다.

롤링은 결과를 평가하는 삶 대신 과정을 지키는 삶을 택했다. 그 선택은 화려하지 않았고 당장 달콤한 보상을 약속하지도 않았다. 다만, 하루를 마칠 때 스스로에게 부끄럽지 않을 수 있는 유일한 기준이 되었다.

그 때문에 그녀는 그저 '재능 있는 작가 지망생'으로 머무르지 않을 수 있었다. 끝까지 가는 사람만이 비로소 도착할 수 있는 자리까지 조용히, 그러나 멈추지 않고 걸어갈 수 있었다.

타인의 삶에서 빠져나오는 법

성공 후에도 롤링은 비교와 분명하게 선을 그었다. 남의 길은 참고할 수는 있어도, 결코 그대로 따라야 할 지도는 아니라고 생각했다. 누군가의 성공 경로를 그대로 밟는 일은 안전해 보이지만, 그 순간부터 자신의 방향 감각은 흐려지기 마련이다.

롤링은 알고 있었다. 그 길은 '내 길'이 아니라 그저 '남이 이미 지나간 길'일 뿐이라는 사실을. 그 길을 무작정 따라가다 보면 더 일찍 도착할지는 몰라도, 자신이 왜 그곳에 서 있는지 스스로 설명하기 어려워진다는 것을. 그래서 그녀는 다른 사람의 성과를 분석하는 데 에너지를 쓰는 대신, 자신의 리듬을 지키는 데 더 많은 시간을 쏟았다.

유행은 빠르게 변한다. 오늘의 정답이 내일의 구식이 되기도 한다. 롤링은 그 변덕스러운 흐름을 좇지 않았다. 대신 자신이 끝까지 책임질 수 있는 이야기인지, 지금도 여전히 쓰고 싶은 글인지를 반복해서 확인했다.

그 결과, 그녀의 작품은 유행을 따라 움직이지 않았다. 하지만 시간이 흐르자 오히려 유행이 그녀의 작품을 기준으로 형성되기 시작했다. 자기만의 리듬을 지켜낸 사람이 결국 판 전체를 주도하게 된 것이다.

앞서는 삶이 아니라, 책임지는 삶

롤링이 깨달은 비교의 본질은 분명했다. 비교는 나를 앞으로 나아가게 하는 자극이 아니라, 나를 타인의 삶 속으로 밀어 넣는 힘이라는 것이다.

비교를 멈추는 순간 삶의 중심은 다시 제자리로 돌아온다. 무엇을 쓰고 싶은지, 어떤 리듬이 나에게 맞는지, 그리고 어디까지 버틸 수 있는지가 비로소 또렷해진다. 남의 결과가 아니라 내가 감당할 수 있는 과정이 비로소 기준으로 선다.

그녀에게 비교를 끊는다는 것은 다른 사람을 보지 않겠다는 선언이 아니었다. 세상을 외면하겠다는 오만도 아니었다. 다만, 선택의 기준을 타인의 성과에서 자신의 판단으로 되돌리는 일이었고, 삶의 운전대를 다시 잡는 것이었다.

비교를 내려놓자, 방향은 단순해졌다. 속도는 이전보다 느려졌을지 모르지만, 더 이상 삶은 흔들리지는 않았다. 그리고 롤링은 깨달았다. 자기 삶의 주도권은 남보다 앞서는 데서 생기는 것이 아니라, 끝까지 책임질 수 있는 기준을 스스로 세울 때 비로소 되돌아온다는 것을.

J.K. Rowling's NOTE

NOTE 01   비교는 출발선을 흐린다.

남의 속도를 의식하는 순간, 나만의 리듬은 무너진다.

NOTE 02   남의 인생은 참고서가 아니다.

다른 사람의 성공은 힌트일 수는 있어도, 정답은 될 수 없
다. 나에게 맞지 않는 기준을 붙잡는 순간, 선택은 계속
어긋난다.

NOTE 03   가장 위험한 비교는 '지금의 나'와 '완성된 타인'이다.

우리는 늘 타인의 결과와 자신의 과정을 비교한다. 이 비
교는 언제나 불공정하고, 언제나 나를 불리하게 만든다.

NOTE 04   흔들릴수록 '기준'은 안으로 돌아와야 한다.

롤링이 붙잡은 기준은 단 하나였다.
"지금, 이 글을 쓰는 것이, 나에게 정직한가?"

NOTE 05   나를 잃지 않은 사람이 결국 끝까지 간다.

비교를 멈춘 순간, 에너지는 다시 내 삶으로 돌아온다.
그 에너지가 쌓여, 남들과 다른 결말을 만든다.

THE NOTE — J.K. Rowling

"비교를 멈춘 순간, 삶은 다시 내 것이 된다."

"위대한 성과는 작은 반복에서 나온다"

— 제프 베이조스(Jeff Bezos) | 아마존닷컴 창업주

위대한 시작은 언제나 보잘것없다

많은 사람이 성공을 단 한 번의 과감한 결단이 만들어낸 극적인 이야기로 오해하곤 한다. 그러나 제프 베이조스의 기록 어디에도 그런 영화 같은 장면은 없다. 그의 성취는 결정적 순간이 아니라, 눈에 띄지 않는 시간의 축적 속에 숨어 있다.

아마존의 출발은 작고 초라했다. 하루에 몇 권의 책을 직접 포장해 보내는 일이 전부였다. 거기에 세상을 바꾸겠다는 거창한 선언이 있을 리 없었다. 그보다는 오늘 맡은 일을 제대로 끝내는 것이 당시 베이조스의 관심사였다.

베이조스는 처음부터 위대해지려 하지 않았다. 대신 스스로에게 아주 단순한 질문 하나를 던졌다.

"이 행동을 내일도 반복할 수 있는가?"

그는 한 번의 화려한 선택보다, 계속 이어갈 수 있는 선택이 더 중요하다고 생각했다. 큰 성과는 어느 날 갑자기 생기지 않는다는 사실도 알고 있었다. 대부분의 성취는 보이지 않는 하루들이 쌓여, 시간이 지난 뒤에야 모습을 드러내기 때문이다. 그래서 그는 서두르지 않았다. 오늘의 기준을 내일도 지킬 수 있는지, 그 가능성부터 점검했다.

초창기의 아마존에는 자랑할 만한 속도도, 외부의 주목도 없었다. 대신 고객의 불편을 기록하고, 배송 과정의 오류를 점검하며, 반복되는 일상에서 개선점을 찾는 시간이 이어졌다.

이렇듯 베이조스의 기록에 남은 것은 인생을 바꾼 한순간이 아니라, 놓치지 않고 쌓아 올린 수많은 하루였다.

작은 반복은 의지가 아니라 시스템

"작게 시작하라."

베이조스에게 이 말은 마음을 다잡는 위로가 아니었다. 그는 반복을 의지의 문제가 아니라 구조의 문제로 보았다.

아마존의 하루는 아주 작은 질문들로 채워졌다. 배송 시간을 몇 분이라도 줄일 수 있는지, 고객이 클릭해야 할 단계를 하나라도 덜 수는 없는지 이 사소한 질문들은 하루도 빠지지 않고 반복되었다.

반복은 습관이 되었고, 습관은 곧 시스템이 되었다. 어제보다 아주 조금이라도 나아지게 만드는 구조가 매일 자동으로 작동하도록 설계된 것이다. 베이조스는 사람의 의지를 신뢰하지 않았다. 의지는 쉽게 흔들리고, 결과가 나빠질수록 가장 먼저 약해진다는 사실을 알고 있었기 때문이다. 대신 그는 의지가 없어도 작동하는 구조를 만들고자 했다.

베이조스는 사람의 의지를 믿지 않았다. 의지는 상황에 따라 쉽게 흔들리고, 결과가 나빠지면 가장 먼저 약해진다는 사실을 잘 알고 있었기 때문이다. 대신 그는 시스템을 믿었다. 특별히 뛰어난 누군가가 무리해서 애쓰지 않아도, 조직 전체가 조금씩은 앞으로 나아가게 만드는 구조를 그는 원했다.

베이조스가 말한 "작게 시작하라"의 핵심이 바로 여기에 있다. 그것은 부담을 줄이라는 말이 아니라, 매일 반복 가능하도록 구조를 만들라는 뜻이다.

성과는 하루에 보이지 않지만, 하루에서 나온다

작은 반복이 어려운 이유는 보상이 즉각적으로 드러나지 않기 때문이다. 하루의 변화는 미미하고, 성과는 숫자로 바로 확인되지 않는다. 그래서 많은 사람이 이렇게 말하며 멈춰 서곤 한다.

"이게 정말 의미가 있을까?"

베이조스는 이 문제의 원인이 방법이 아니라 평가 기준에 있다고 생각했다. 하루 단위로 성과를 재면, 작은 개선은 언제나 초라해 보일 수밖에 없다. 그래서 그는 단기 성과를 일부러 판단 기준에서 내려놓았다. 대신 시간을 길게 잡았다.

"이 선택은 5년 뒤에도 옳을까?"

"오늘의 개선이 내일의 기준으로 남을 수 있을까?"

이 질문 앞에서는 조급해질 수 없다. 하루의 반복은 오늘을 증명하기 위한 것이 아니라, 미래의 기본값을 만드는 과정이기 때문이다. 베이조스에게 작은 개선은 빠른 성과를 위한 기술이 아니라, 조직의 사고방식을 바꾸는 체질 개선에 가까웠다.

변화는 느렸지만, 한 번 자리 잡으면 쉽게 되돌아가지 않았다. 이에 그는 하루의 결과보다 하루를 어떻게 쌓았는지를 더 중요하게 생각했다. 그래서 오늘 몇 점을 받았는가가 아니라, 오늘도 어제와 같은 기준을 지켰는가를 물었다.

작은 반복은 눈에 띄지 않는다. 그러나 시간이 쌓이면 그것은 기준이 되고, 그 기준은 결국 성취의 모습 자체를 바꾼다. 베이조스는 이 느린 과정을 믿었고, 그 믿음을 아마존이라는 구조로 남겼다.

지루함을 견디는 구조가 만든 경쟁력

대부분 사람이 빠른 성장을 원한다. 즉각적인 성과가 곧 능력의 증명처럼 여겨지기 때문이다. 그러나 베이조스는 속도보다 지속성을 성장의 본질로 보았다. 한 번 크게 앞서는 것보다, 멈추지 않는 쪽이 결국 더 멀리 간다는 계산이었다.

아마존의 경쟁력은 단 한 번의 거대한 혁신에서 나오지 않았다. 매일 반복된 아주 작은 질문과 개선의 축적에서 만들어졌다. 각각은 흉내 낼 수 있어 보이는 사소한 작업이었다. 그러나 문제는 그것을 얼마나 오래, 얼마나 일관되게 반복할 수 있느냐였다.

바로 이 지점에서 대부분의 경쟁자는 탈락한다. 성과가 더디게 나타나는 반복은 쉽게 지치게 만들고, 지루함은 언제나 포기의 가장 설득력 있는 이유가 되기 때문이다. 베이조스는 지루함을 제거하려 하지 않았다. 대신 그 지루함을 견딜 수밖에 없게 만드는 구조를 만들었다.

그 결과 반복은 개인의 노력이 아니라 조직의 습관이 되었고, 그 습관은 시간이 지나 누구도 쉽게 따라 할 수 없는 경쟁력이 되었다.

위대함은 선택이 아니라 습관의 결과

제프 베이조스의 수첩에는 아마 다음과 같은 문장이 적혀 있었을 것이다.

"오늘도 한 가지를 조금 더 낫게 만들자."

"작아도 괜찮다. 다만, 멈추지는 말자."

이 문장들은 자신을 북돋기 위한 구호가 아니다. 의욕이 떨어질 때 꺼내 드는 위로의 말도 아니다. 베이조스에게 이것은 판단을 단순하게 만드는 기준에 가까웠다. 무엇을 해야 할지 망설일 때, 어떤 선택이 옳은지 헷갈릴 때 그는 늘 같은 질문으로 돌아갔다.

"이 행동이 반복 가능한가?"

"내일도 같은 선택을 이어갈 수 있는가?"

이 질문을 통과하지 못하면 아무리 매력적인 것이라도 과감히 내려놓았다.

베이조스가 보여준 사실은 단순하다. 성공은 재능의 문제가 아니라, 같은 일을 끝까지 반복할 수 있느냐의 문제다. 그리고 그 반복을 가능하게 하는 것은 의욕이 아니라 구조와 기준이다.

위대함은 그렇게 아무도 주목하지 않는 반복 속에서 조용히 만들어진다.

Jeff Bezos's NOTE

NOTE 01

위대한 시작은 늘 보잘것없다.

처음부터 크게 이기려 하지 않고, 오늘 할 수 있는 일을
정확히 끝낸다.

NOTE 02

반복은 의지가 아니라 구조의 문제다.

의욕이 없어도 계속 돌아가도록, 반복 가능한 시스템을
먼저 만든다.

NOTE 03

하루의 성과보다 하루의 기준을 본다.

오늘 잘했는가보다, 어제와 같은 기준을 지켰는지를 점검
한다.

NOTE 04

장기적 사고는 행동으로 증명된다.

먼 미래를 믿는 사람만이 꾸준히 투자한다.

NOTE 05

위대함은 선택이 아니라 습관의 결과다.

매일 조금 나아지는 선택이, 시간이 지나 경쟁력이 된다.

THE NOTE — Jeff Bezos

"작아도 괜찮다. 다만, 내일도 반복할 수 있어야 한다."

"생각은 흘러가지만, 기준은 남아야 한다"

— 존 템플턴(John Templeton) | 미국의 전설적인 투자가

내려놓을수록 선택은 선명해진다

사람은 본능적으로 세상을 통제하고 싶어 한다. 결과가 어떻게 나올지, 타인은 어떻게 반응할지, 시장은 어디로 움직일지 미리 알고 관리할 수 있다면 불안이 줄고 실수도 피할 수 있을 것 같기 때문이다. 존 템플턴은 오랜 투자 경험을 통해 이 욕망이 사람의 판단을 얼마나 흐리는지 잘 알고 있었다. 통제하려는 마음이 강해질수록 시야는 좁아진다. 예측이 틀릴 가능성을 밀어내고, 보고 싶은 정보만 붙잡게 된다. 그러면 불안이 사라지는 게 아니라 형태만 바뀐 채 더 집요한 확신, 더 과격한 대응으로 나타난다.

템플턴이 보기에 많은 실패는 능력 부족에서 시작되지 않는다. 대부분 통제할 수 없는 것까지 통제할 수 있다고 믿는 착각에서 시작된

다. 예컨대 시장의 변동, 타인의 감정, 예기치 못한 사건 등은 내 뜻대로 되지 않는다. 그런데 그 영역까지 붙잡으려 하면, 정작 내가 책임져야 할 선택이 흐려진다. 그래서 그는 판단의 첫 단계에서 명확히 선을 그었다.

"지금 내가 바꿀 수 있는 것은 무엇인가?"

"내가 아무리 애써도 바꿀 수 없는 것은 무엇인가?"

이 둘의 구분은 단순해 보이지만 어렵다. 사람은 '조금만 더'라는 말로 통제 불가능한 영역을 통제 가능 영역으로 끌어들이기 때문이다. 템플턴은 그 유혹을 경계했다. 대신 힘을 써야 할 곳을 분명히 했다. 투자 원칙을 세우는 일, 리스크를 다루는 방식, 실수를 인정하고 수정하는 태도, 판단 과정을 기록하고 점검하는 습관 등등. 이런 것들은 얼마든지 스스로 관리할 수 있었다.

템플턴이 말하는 통제는 세상을 움직이는 힘이 아니다. 통제의 한계를 정확히 아는 태도에 가깝다. 어디까지가 내 책임이고, 어디서부터가 변수인지 경계가 분명해지면 감정은 가라앉고 판단은 현실로 돌아온다. 통제하려는 욕망을 줄일수록 선택은 더 정확해진다. 그의 원칙은 모두 여기서 출발한다.

감정은 통제 대상이 아니라 관리 대상

템플턴은 감정을 없애려고 하지 않았다. 그는 감정을 관리해야 할 대상으로 보았다. 시장 앞에서 느끼는 두려움, 기대, 흥분, 조급함은 비이성적인 약점이 아니라 인간이라면 자연스럽게 겪는 반응이다. 문제는 그것이 판단을 돕는 선을 넘어 판단 그 자체가 될 때다. 그는 많은 실패가 잘못된 정보 때문이 아니라, 감정이 결론을 대신 내린 순간 시작된다고 보았다. 그래서 감정을 억누르기보다 한 단계 아래로 내려놓았다. 판단의 주인이 아니라 참고 자료로 다룬 것이다. 감정이 올라오면 즉시 결론을 내리지 않고, 한 박자 멈추게 만드는 질문을 던졌다.

"이 감정은 내가 통제할 수 있는 행동에서 나온 것인가?"

"아니면 통제할 수 없는 결과에 대한 반응인가?"

이 질문의 목적은 감정을 없애는 데 있지 않다. 감정과 잠시 거리를 두기 위함이다. 거리가 생기면 감정은 행동을 밀어붙이지 못한다. 그러는 동안 판단은 다시 차분해진다.

템플턴은 감정을 흘려보내지 않았다. 어떤 상황에서 어떤 감정이 반복되는지, 그 감정이 어떤 선택으로 이어지는지를 꾸준히 기록했다. 감정이 막연한 불안이 아니라 패턴을 가진 변수로 바뀌면 실수도 줄어들기 때문이다. 그런 점에서 감정은 신호다. 신호는 무시할 필요도 없고, 그대로 따를 필요도 없다. 해석한 뒤 움직일지는 판단의 몫이다. 이 구분이 잡히면 변동 앞에서도 과하게 흔들리지 않는다.

감정은 신호이고, 판단은 선택이다

통제할 수 없는 것을 내려놓는다고 해서 책임까지 저버리는 것은 아니다. 템플턴은 오히려 그 반대라고 보았다. 바꿀 수 없는 영역에 집착할수록 판단은 흐려지고, 정작 책임져야 할 선택은 뒤로 밀리기 때문이다.

시장의 등락, 타인의 평가, 수많은 소문은 늘 주의를 끈다. 거기에 매번 반응하면 에너지는 소모되고, 무엇이 중요한지조차 흐려진다. 템플턴은 이를 큰 손실로 생각했다. 바꿀 수 없는 변수에 매달리느라, 정작 바꿀 수 있는 행동을 놓치는 순간이야말로 진짜 손실이라고 보았기 때문이다.

그래서 그는 선택의 범위를 의도적으로 좁혔다.

"지금 내가 통제할 수 있는가?"

"이 선택을 반복할 수 있는 원칙인가?"

이 질문에 맞지 않는 것들은 과감히 판단의 영역에서 제외했다. 시장의 방향은 통제할 수 없지만, 자신의 기준은 통제할 수 있다. 타인의 평가는 바꿀 수 없지만, 그 평가에 반응하는 방식은 선택할 수 있다. 중요한 것만 남길 때 선택은 오히려 더 정확해진다.

템플턴은 결과보다 과정을 중시했다. 그래서 원칙을 세우고, 상황이 달라져도 그 원칙을 반복하는 데 집중했다. 결과에 대한 욕심을 내려놓자 판단은 차분해졌고, 행동은 자연스럽게 한 방향을 유지했다. 큰 성과는 한 번의 뛰어난 선택이 아니라, 같은 기준을 얼마나 오래 지켜냈는지에서 나온다는 사실을 그는 알고 있었다.

원칙은 선택을 늘리는 도구가 아니라 줄이는 기준

템플턴은 수첩에 항상 원칙을 적어두었다. 상황 설명이나 감정을 정리하기보다, 판단의 경계를 분명히 하기 위해서였다. 시장이 요동칠수록 그는 복잡한 분석 대신 짧고 분명한 문장으로 돌아갔다.

"내가 통제할 수 있는 것만 하자."

"군중의 확신을 그대로 믿지 말자."

"원칙에 어긋나는 선택은 하지 말자."

이 문장들은 마음을 달래는 위로가 아니다. 오히려 행동을 제한하는 장치에 가깝다. 불안할수록 사람은 더 많은 선택지를 떠올리며 흔들린다. 그러나 템플턴은 정반대의 길을 택했다. 할 수 있는 것과 없는 것을 냉정하게 구분하고, 하지 말아야 할 행동부터 지워 나갔다. 그에게 원칙은 선택지를 늘리는 도구가 아니라, 불필요한 선택을 줄이는 기준이었다.

요동치는 시장과 엇갈리는 의견 사이에서 그가 가장 먼저 한 일은 원칙과 대조하는 것이었다. 감정과 사실을 분리하고, 일시적인 반응과 장기적인 가치를 구분했다. 즉각적인 결론보다 중요한 것은 그 결론이 어떤 기준에서 나왔는지였다.

템플턴이 끝까지 지킨 선택의 기준

템플턴의 수첩은 화려하지 않다. 위기일수록 더 정확하게 작동하는 기준들이 조용히 그 자리를 지키고 있을 뿐이다.

대부분의 사람은 불확실성이 커질수록 더 많은 정보를 찾는다. 그래야 실수를 줄일 수 있을 것 같기 때문이다. 하지만 템플턴은 정보가 많아질수록 판단이 좋아지는 것은 아니라고 보았다. 정보의 양이 아니라, 정보를 받아들이는 기준이 판단의 질을 결정한다고 생각했기 때문이다.

템플턴이 특히 경계한 것은 '지금 아니면 안 될 것 같은 선택'이었다. 그는 긴급해 보이는 결정일수록, 그 안에 감정이나 군중의 압력이 섞여 있을 가능성이 높다고 보았다. 그래서 스스로에게 시간을 주는 쪽을 택했다. 시간은 예측을 대신해 주지 않지만, 판단이 감정에서 빠져나올 수 있는 여유는 만들어주기 때문이다.

그의 기준은 늘 반복 가능성을 향해 있었다. 그 때문에 성과가 좋았던 선택조차 원칙에서 벗어났다면 경계했고, 결과가 나빴더라도 기준을 지켰다면 기록으로 남겼다. 그에게 중요한 것은 승패가 아니라, 그 판단이 자신의 방식에 충실했는지 여부였다.

템플턴이 말한 성공은 통제 범위를 넓히는 능력이 아니다. 오히려 그 반대다. 통제할 수 없는 것을 인정하고, 통제할 수 있는 것에만 책임을 지는 데 도다.

통제할 수 없는 것에 매달리면 생각은 분산된다. 시장의 반응, 타인의 평가, 아직 오지 않은 미래에 신경 쓰는 동안 정작 지금 해야 할 행동은 흐려진다. 이때 무너지는 것은 능력이 아니라 초점이다. 반대로 손을 떼는 순간, 자신의 범위는 분명해진다. 그 안에서 반복해야 할 행동이 선명해지고, 반복은 일관성이 된다. 일관성은 시간이 지나 신뢰로 바뀐다. 성과는 그다음에 따라오는 결과일 뿐이다.

결국 템플턴이 끝까지 지킨 것은 특별한 예측도, 남다른 기법도 아니었다. 무엇을 내려놓아도 되는지 아는 기준, 그리고 그 기준을 상황이 바뀌어도 흔들지 않는 절제였다. 그 절제가 위기 앞에서도 판단을 지켜냈고, 그 판단은 시간이 지나 성과로 남았다.

John Templeton's NOTE

NOTE 01   감정은 제거의 대상이 아니다.
감정을 없애려 할수록 판단은 군중을 따라 흐른다.

NOTE 02   기록하지 않으면 확신은 검증되지 않는다.

생각을 적을 때 비로소 그것이 원칙인지, 감정인지 드러
난다.

NOTE 03   군중의 확신은 가장 위험한 신호다.

모두가 같은 방향을 볼 때 판단은 가장 쉽게 흐려진다.

NOTE 04   통제할수 없는 것은 선택의 기준이 될 수 없다.

내려놓을 것을 내려놓아야 판단의 범위가 분명해진다.

NOTE 05   절제는 순간의 결단이 아니라 반복이다.

같은 기준을 지켜낸 시간이 결국 성과를 만든다.

THE NOTE — John Templeton

"붙잡을수록 판단은 흔들리고, 내려놓을수록 선택은 오래 간다."

"기억은 배신하지만, 기록은 배신하지 않는다"

— 벤저민 프랭클린(Benjamin Franklin) | 미국 건국의 아버지

기억의 주인이라는 착각

대부분의 사람은 자신이 기억을 통제한다고 믿는다. 어제의 다짐을 떠올리고, 지난 실패의 교훈을 정리하며, 다음에는 다르게 행동하겠다고 마음먹는다. 그 순간만큼은 분명히 알고 있다고 느낀다. 하지만 시간은 흔적을 지운다. 불편했던 장면은 옅어지고, 실패의 원인은 조금씩 바깥으로 밀려난다. 그러는 사이 우리는 이미 했던 선택을 다시 한다.

벤저민 프랭클린은 이를 의지의 문제로 보지 않았다. 문제는 '결심'이 아니라 '기억'이라고 보았다. 기억은 쉽게 바뀌고, 상황에 맞게 편리하게 다시 쓰인다. 마음속 다짐만으로는 얼마든지 스스로를 속일 수 있다는 사실을 그는 일찍 알아차렸다.

그래서 프랭클린은 결심을 믿지 않았다. 대신 기록을 믿었다.

기록은 지나간 시간을 보기 좋게 남기는 일이 아니다. 감정을 포장하지 않기 위해, 변명을 덜어내기 위해, 자기 행동을 있는 그대로 확인하는 일이다. 또한 기록은 기억보다 냉정하고, 그 냉정함이 판단을 흐리지 않게 지켜준다.

프랭클린은 하루를 돌아보며 무엇을 했는지, 어떤 선택을 했는지. 특히 잘한 일보다 기준에서 벗어난 순간을 더 분명히 적으려 했다.

기록 앞에서는 "그럴 수밖에 없었다"는 말이 힘을 얻기 어렵다. 글로 남은 선택은 다음 날의 나에게 묻는다. 정말 최선이었는지, 다시 같은 상황이 와도 같은 선택을 할 것인지. 그런 점에서 프랭클린에게 기록은 성찰의 마무리가 아니라 출발점이었다. 다 정리한 뒤에 쓰는 글이 아니라, 쓰는 과정에서 생각을 바로잡는 방식이다. 기억이 흐려지기 전에, 감정이 끼어들기 전에 사실을 먼저 붙잡아두는 일. 그는 이 작은 습관이 다음 선택의 정확도를 높인다고 믿었다.

그가 남긴 결론은 단순하다.

"자기 자신을 믿기보다 자신을 확인하라. 기억에 맡기지 말고, 기록으로 남겨라. 그 문장들이 선택을 바꾸고, 삶은 조용히 방향을 바꾼다."

기록은 성찰이 아니라 구조

프랭클린의 기록은 감상과는 거리가 멀었다. 하루를 돌아보며 막연히 '잘했다'거나 '못했다'라고 적는 수준에 머물지 않았다. 그는 자신의 행동을 하나의 사건으로 넘기지 않고, 여러 단계로 나누어 바라보았다. 즉, 프랭클린에게 기록은 평가가 아니라 분석에 가까웠다.

그는 늘 세 가지를 물었다.

"무엇을 했는가?"

"왜 그 순간 그렇게 선택했는가?"

"그 선택은 어떤 결과로 이어졌는가?"

이 질문은 위로를 위한 것이 아니었다. 다음에 비슷한 상황이 왔을 때, 조금이라도 더 정확하게 판단하기 위한 장치였다. 그래서 기록은 과거를 정리하는 일이 아니라 미래의 선택을 정돈하는 작업이 된다.

사람은 시간이 지나면 실패를 '불가피한 일'로 바꾸고, 잘못된 선택을 '환경 탓'으로 옮긴다. 기억만 믿으면 누구나 자신에게 유리한 서사를 만든다. 프랭클린은 그 점을 부정하지 않았다. 그래서 기억보다 종이를 더 믿었다. 해석보다 사실을 기준으로 삼았다.

기록 앞에서는 변명이 힘을 잃는다. 글로 남은 선택은 언젠가 조용히 묻는다. 그 판단이 정말 최선이었는지, 아니면 순간의 감정에 끌린 선택이었는지를.

기록은 삶을 단번에 바꾸는 비법이 아니다. 다만 같은 실수를 반복할 확률을 낮추는 최소한의 장치다. 프랭클린은 그 장치를 평생 손에서 놓지 않았다.

기록은 자신을 객관화하는 가장 현실적인 방법

인간은 자기 자신에게 관대하다. 실패에는 사정이 붙고, 성공에는 이유가 따라붙는다. 그러다 보면 오늘의 실수는 상황 탓이 되고, 어제의 성과는 능력의 증거가 된다.

프랭클린은 이 흐름을 기록으로 끊어냈다. 기록된 문장은 사정을 봐주지 않는다. 그날 무엇을 했는지, 무엇을 미뤘는지, 어떤 선택을 습관처럼 반복했는지를 그대로 드러낼 뿐이다. 기록은 판단하지 않지만, 숨기지도 않는다. 감정이 끼어들 틈 없이, 있었던 일을 있는 그대로 남긴다.

프랭클린의 기록에는 지나친 자기 비난이 없다. 대신 같은 노력이 반복되어 나타난다. 비슷한 선택, 일의 지연, 동일한 핑계가 날짜만 바뀌 다시 나타난다. 그것을 마주하는 순간 변명은 힘을 잃는다. 문제는 의지가 아니라 구조라는 사실이 분명해지기 때문이다. 그래서 그는 감정을 바꾸기보다, 행동이 만들어지는 조건을 바꾸려 했다.

자신을 정확히 본다는 것은 냉정해지는 일이 아니다. 불필요한 자기 합리화를 내려놓는 일이다. 프랭클린에게 기록은 자책을 부르는 거울이 아니라, 선택을 바로잡는 기준이었다. 어디에서 판단이 흐트러졌는지, 다음에는 무엇을 점검해야 하는지를 조용히 알려주었다.

기록은 사람을 갑자기 바꾸지 않는다. 다만 자신을 속이기 어렵게 만든다. 프랭클린은 그 단순한 효과를 끝까지 믿었다.

기억에 기대는 사람은 흔들리고, 기록하는 사람은 기준을 만든다

기록은 티가 나지 않는다. 몇 줄 적는다고 당장 달라지는 것도 없다. 그래서 대부분은 며칠 하다 멈춘다. 하지만 기록이 쌓이면 달라진다. 늘 미루는 지점, 감정이 먼저 흔들리는 순간, 같은 실수가 다른 얼굴로 반복되는 패턴이 보이기 시작한다.

그때부터 변화는 '의욕'이 아니라 '조정'이 된다. 감정과 싸우는 대신, 반복을 바꾸는 쪽으로 움직인다. 기록이 하는 일은 바로 이것이다. 과거를 예쁘게 정리하는 것이 아니라, 다음 장면에서 한 번 더 멈추게 만드는 힘을 남기는 것.

프랭클린이 기록을 놓지 않았던 이유는 분명하다. 인간은 기억 앞에서는 쉽게 자신을 속이지만, 기록 앞에서는 그렇지 못하기 때문이다. 기록은 삶을 극적으로 바꾸지 않는다. 다만 같은 실수를 덜 하게 만든다. 그 작은 차이가 쌓이면, 결국 방향이 바뀐다.

Benjamin Franklin's NOTE

NOTE 01 기억을 믿지 말고, 기록을 남겨라

기억은 편집되지만, 기록은 남는다.

NOTE 02 기록은 반성이 아니라 준비다.

기록은 다음 선택을 더 정확하게 만들기 위한 도구다.

NOTE 03 반복되는 기록은 삶의 패턴을 드러낸다.

실수는 사건이 아니라 구조로 나타난다.

NOTE 04 자신을 관리하려 하지 말고, 관찰하라.

기록은 가장 정직한 자기 관찰이다.

NOTE 05 의지보다 시스템이 오래 간다.

기록은 흔들리는 마음을 대신해 판단을 지켜준다.

THE NOTE — Benjamin Franklin

"기억에 맡긴 삶은 반복되고, 기록한 삶은 수정된다."

PART

03

성장을 지탱하는 문장들

"이미 가진 것을 인정할 때, 더 멀리 간다"

— 사이먼 시넥(Simon Sinek) | 세계 최고의 HR 컨설턴트

성공을 말할수록, 사람은 부족함부터 본다

성공을 말할 때 우리는 거의 자동으로 결과를 떠올린다. 더 큰 성과, 더 높은 자리, 더 많은 보상 등등. 그 결과 삶은 자연스럽게 '다음 단계'를 향해 속도를 낸다. 지금의 성취는 잠시 머무는 곳일 뿐, 곧 지나가야 할 정거장처럼 취급된다.

문제는 그 과정에서 이미 쌓아 올린 것들이 너무 쉽게 사라진다는 데 있다. 성과는 곧 다음 목표에 밀려나고, 만족은 잠깐 스쳤다가 사라진다. 그 자리에 남는 것은 "아직 부족하다"는 결핍과 "더 멀리 가야 한다"는 압박뿐이다. 그래서 성과를 쌓아도 마음이 좀처럼 채워지지 않는다.

사이먼 시벽은 이 흐름을 의심했다. 사람들이 지치고 흔들리는 이유가 능력이나 노력의 문제가 아니라, 성과를 바라보는 방식에 있을 수 있다고 본 것이다.

성공을 도착지로 여기면, 성취는 쌓이지 않고 소모된다. 무언가를 이루는 순간 곧바로 더 큰 목표에 밀려나고, 현재는 늘 지나치는 시간이 된다. 그래서 그는 성과를 더 키우는 방법보다, 성과와 함께 머무는 법을 먼저 생각하자고 말한다. 지금의 성취를 다음 단계로 서둘러 밀어내기 전에, 그 안에 담긴 의미와 기준을 한 번 더 확인하는 습관이 필요하다는 뜻이다.

그가 던지는 질문은 단순하다.

"우리는 왜 이렇게 쉽게 현재를 지나치는가?"

"왜 이미 이룬 것보다 아직 이루지 못한 것에 더 큰 의미를 부여하는가?"

시벽에게 중요한 것은 얼마나 멀리 갔는지가 아니라, 어떤 태도로 그 길을 걸어왔는가였다. 그래서 그는 재촉하기보다 이렇게 묻는다.

"지금 이 성과를, 당신은 어떤 마음으로 바라보고 있는가?"

감사는 위로가 아니라 판단의 출발점

시벽이 말하는 감사는 마음을 달래는 표현이 아니다. 잘 버티고 있다는 자기 위로도 아니다. 그에게 감사는 판단이 흔들리지 않도록 바닥을 확인하는 일에 가깝다. 지금 이 선택이 무엇 위에 놓여 있는지, 어떤 조건 덕분에 가능해졌는지를 정확히 짚는 행위다.

사람은 불안해질수록 시야가 좁아진다. 아직 오지 않은 위험을 앞당겨 걱정하고, 당장 부족한 것에 시선을 고정한다. 이때 판단은 미래가 아니라 결핍을 중심으로 움직이기 시작한다. 감사는 이 흐름을 잠시 멈춘다. 문제를 없애주지는 않지만, 문제만 보던 시선을 현재의 기반으로 되돌려 놓는다.

지금도 유지되고 있는 신뢰, 계속 작동하는 시스템, 반복해 온 선택의 기준. 이런 것들은 위기 상황에서 쉽게 잊힌다. 감사는 그것들을 다시 호출한다. 내가 지금 서 있는 자리가 완전히 불안정한 상태는 아니라는 사실을 확인하게 만든다. 그 확인이 있어야 다음 판단이 과도하게 기울지 않는다.

그래서 감사는 감정의 마무리가 아니라 판단의 시작점이 된다. 마음이 좋아져서 감사하는 것이 아니라, 판단을 바로 세우기 위해 감사하는 것이다.

없는 것에 매달리면, 선택은 불안해진다

사람은 본능적으로 없는 것을 먼저 본다. 목표에 닿지 못한 거리, 남들보다 느린 속도, 아직 손에 쥐지 못한 결과. 여기에 비교가 더해지면 사고는 빠르게 한쪽으로 쏠린다. 지금의 선택이 어디로 가는지가 아니라, 당장 손해를 피할 수 있는지부터 따지게 된다.

이때 선택은 많아 보이지만 실제로는 줄어든다. 위험해 보이는 길은 미리 배제되고, 이미 검증된 방식만 남는다. 겉으로는 신중해 보이지만, 장기적으로는 같은 자리에서 맴도는 선택이 반복된다. 기준이 없기 때문이다.

반대로 이미 가진 것을 인식할 수 있을 때 판단은 길어진다. 여기서 말하는 '가진 것'은 성과가 아니라 조건이다. 함께 일해온 사람들, 쉽게 무너지지 않았던 태도, 반복해서 지켜온 원칙, 위기 속에서도 작동했던 방식들. 이것들은 숫자로 드러나지 않지만, 선택의 범위를 넓혀 준다.

이미 가진 것을 인정한다고 해서 멈추는 것은 아니다. 오히려 어디까지 밀어붙일 수 있는지를 정확히 아는 상태에 가깝다. 기반을 알고 있는 사람만이 무리하지 않고도 멀리 간다.

부족함을 아는 것은 매우 중요하다. 그러나 이미 가진 것을 인정하는 능력 또한 그만큼 중요하다. 이 두 가지가 균형을 이룰 때, 선택은 불안이 아니라 판단에서 나온다. 그리고 그런 선택만이 삶을 다음 단계로 조용히, 그러나 확실하게 밀어 올린다.

감사는 관계의 온도를 바꾸는 신호

감사는 개인의 태도에만 머물지 않는다. 관계 안에서 더 분명한 힘을 발휘한다. 누군가의 기여가 정확히 언급되고, 존재가 인정되는 순간 사람은 "내가 여기서 의미 있는 역할을 하고 있다"는 감각을 얻는다. 이 감각은 의외로 강하다.

감사가 없는 조직에서는 설명과 통제가 늘어난다. 신뢰가 약해질수록 확인해야 할 것이 많아지고, 책임은 개인이 아니라 구조 탓으로 흩어진다. 반대로 감사가 자주 오가는 환경에서는 작은 실수가 곧바로 불신으로 번지지 않는다. 의도를 먼저 묻고, 맥락을 이해하려는 태도가 살아 있기 때문이다.

시넥이 말하는 감사는 미덕이 아니라 선택이다. 성과를 끌어내기 위한 감정 관리가 아니라, 관계의 마찰 비용을 줄이는 현실적인 전략이다. 인정받고 있다는 감각은 사람을 오래 움직이게 만든다. 억지로 끌지 않아도 스스로 책임을 지게 한다.

짧은 한마디의 고마움은 당장 결과를 바꾸지 않을 수 있다. 하지만 시간이 쌓이면 조직의 분위기와 선택의 질을 분명히 바꾼다. 그래서 감사는 부수적인 태도가 아니라, 지속 가능한 판단과 관계를 위한 기본 장치에 가깝다.

감사는 "이 정도면 됐다"는 선언이 아니다. 지금까지 무엇이 나를 여기까지 데려왔는지를 확인하는 과정이다. 그 과정을 거친 사람은 불안해도 쉽게 무너지지 않는다. 선택 앞에서 과도하게 조급해지지 않는다.

시넥이 말하는 감사의 핵심은 분명하다. 감사는 위로가 아니다. 판단을 다시 중심으로 돌려놓는 일이다. 그리고 그 중심이 단단할수록, 다음 선택은 더 멀리 갈 수 있다.

성과를 자산으로 남기는 조직은 무엇이 다른가?

비슷한 환경에서 비슷한 성과를 내는데도 어떤 조직은 금세 지치고, 어떤 조직은 시간이 지날수록 단단해진다. 시녁이 보기에 그 차이는 전략보다 태도에서 나온다.

늘 부족하다고 느끼는 조직은 성취를 자산으로 남기지 못한다. 성과는 잠깐의 안도감을 주지만, 곧바로 다음 목표를 향한 불안에 밀려난다. 그러면 성과는 남지 않고 피로만 쌓인다. 결과가 좋아도 내부의 체력은 떨어진다.

반대로 감사할 줄 아는 조직은 성취를 자산으로 남긴다. 이미 작동하는 요소, 신뢰로 이어진 관계, 반복 속에서 검증된 선택을 '기반'으로 인식한다. 그리고 그 기반 위에서 다음 결정을 이어간다. 과장하지도, 불필요하게 부풀리지도 않는다. 대신 이렇게 되짚는다.

"우리가 여기까지 올 수 있었던 이유는 무엇인가?"

이 과정에서 성과는 흩어지지 않는다. 다음 선택을 떠받치는 힘으로 남고, 다시 한 걸음을 가능하게 한다. 결핍에 시선이 고정되면 판단은 늘 미래로 도망가지만, 기반이 보이면 질문은 현재로 돌아온다.

"지금 이 자리에서 무엇을 할 수 있는가?"

"이 조건 안에서 가장 책임 있는 선택은 무엇인가?"

결국 조직을 단단하게 만드는 힘은 더 큰 성취가 아니라, 성취를 대하는 태도에 있다. 무엇을 더 가져야 하는지를 묻기 전에, 무엇을 이미 가지고 있는지를 정확히 아는 것. 시넥이 말한 차이는 바로 여기서 만들어진다.

Simon Sinek's NOTE

NOTE 01   감사는 감정이 아니라 시선이다.

없는 것을 보느냐, 이미 가진 것을 보느냐가 판단의 출발
점을 바꾼다.

NOTE 02   감사할 줄 아는 사람은 조급해지지 않는다.

조급함이 사라질 때, 선택은 더 멀리 본다.

NOTE 03   만족은 멈춤이 아니라 축적이다.

지금의 성취를 자산으로 인식할 때, 다음 단계가 열린다.

NOTE 04   감사는 관계의 온도를 바꾼다.

고마움을 표현하는 리더 아래서 신뢰는 자연스럽게 쌓인다.

NOTE 05   가진 것을 존중할수록 가능성은 커진다.

결핍에 매달릴수록 시야는 좁아지고,
감사할수록 선택지는 늘어난다

THE NOTE — Simon Sinek

"이미 가진 것을 정확히 볼 수 있을 때, 다음 성장이 시작된다."

"원하는 만큼만 얻게 된다"

— 래리 페이지(Larry Page) | 구글 창업주

목표를 희망으로 두지 말 것

사람들은 성공을 말할 때 운이나 환경 이야기를 먼저 꺼낸다. 좋은 시대를 만났고, 기회를 잡았으며, 좋은 흐름을 잘 탔다는 식이다. 이런 말은 잠시 마음을 편하게 한다. 노력보다 조건이 앞섰다면, 지금의 위치도 어느 정도는 납득되기 때문이다.

래리 페이지의 생각은 달랐다. 그는 결과의 차이는 운보다 기대의 크기, 즉 스스로에게 허용한 한계에서 나온다고 보았다. 어디까지를 목표로 삼았는지가 최종 결과를 만든다는 뜻이다.

그가 남긴 "사람은 원하는 만큼만 얻게 된다"는 문장은 희망을 부풀리는 말이 아니다. 인간은 가능하다고 믿는 범위 안에서만 선택한다. 그 범위를 넘어서는 결과는 애초에 판단의 대상이 되지 않는다. 그래서 많은 실패는 도전하다가 생기기보다, 처음부터 상상하지 않았기 때문에 시도조차 하지 않은 데서 시작된다.

대부분의 사람에게 목표는 희망에 가깝다. 되면 좋고, 안 되면 어쩔 수 없는 정도다. 그래서 상황이 힘들어지면 목표도 자연스럽게 낮아진다. "처음 생각이 너무 컸다"는 말이 쉽게 나오고, 선택은 점점 조심스러워진다. 하지만 페이지에게 목표는 희망이 아니라 전제였다. "전 세계의 정보를 정리한다"는 구글의 초기 목표는 멋있어 보이기 위한 문장이 아니었다. 모든 판단과 설계가 여기서 출발해야 한다는 기준이었다.

전제를 받아들이면 질문이 바뀐다. "이게 가능한가?" 대신 이렇게 묻는다,

"무엇이 부족한가?"

"어디를 고쳐야 성립하는가?"

목표를 낮추지 않으니, 한계는 핑계가 아니라 해결해야 할 문제가 된다. 또한 현실의 제약은 포기의 이유가 아니라 손봐야 할 조건이 된다.

페이지에게 큰 목표란 무모함이 아니라 생각을 느슨하게 만들지 않기 위한 장치였다. 그런 점에서 그가 전하는 메시지는 분명하다. 결과의 크기는 운으로 설명할 수 있을지 몰라도, 방향의 크기는 선택의 문제다. 어디까지를 전제로 삼느냐에 따라 질문이 달라지고, 그 질문이 쌓여 결국 도달하는 지점도 달라진다.

작은 목표는 안전하지만, 삶을 바꾸지는 않는다

작은 목표는 편하다. 실패해도 타격이 크지 않고, 주변에 설명하기도 쉽다. 실행 계획도 비교적 단순하다. 그래서 '현실적인 선택'처럼 보인다. 하지만 페이지는 이 안전함 뒤에 숨은 한계를 분명히 봤다.

작은 목표는 지금의 자리를 지키는 데는 도움이 되지만, 삶의 방향 자체를 바꾸지는 못한다는 것이다. 또한 조금 더 나아질 수는 있어도, 전혀 다른 지점으로 이동하게 만들지는 않는다.

목표가 작아지면 생각도 함께 작아진다. 지금 가진 자원 안에서만 계산하고, 익숙한 방식만 반복하기 때문이다. 큰 실패는 피할 수 있지만, 눈에 띄는 변화도 좀처럼 일어나지 않는다. 선택은 늘 안전한 범위 안에서만 맴돈다.

반대로 큰 목표는 불편하다. 무리라는 말을 듣기 쉽고, 과하다는 평가도 따라온다. 그래서 많은 사람이 시작하기도 전에 한 발 물러선다.

페이지는 바로 이 불편함을 중요하게 생각했다. 큰 목표는 성공을 보장하지 않지만, 사고의 높이 자체를 바꾼다고 보았기 때문이다. "지금 가진 걸로 가능한가?"가 아니라 "무엇을 더 배워야 하는가?" "혼자 할 수 있을까?"가 아니라 "누구와 함께해야 하는가?"를 묻게 된다.

페이지가 경계한 것은 실패가 아니었다. 실패하지 않을 만큼만 목표를 낮추는 태도였다. 그래서 그는 늘 다음 질문을 통해 자신을 점검했다.

"이 목표가 정말로 불가능해서 안 되는 걸까. 아니면 내가 익숙한 생각 안에 머물러 있어서 아직 보이지 않는 걸까?"

목표가 흐릿하면 행동도 흐려진다

페이지는 결과가 목표를 훌쩍 넘어서는 경우를 거의 보지 못했다고 말하곤 했다. 사람은 대개 자신이 정한 기대치만큼만 움직이기 때문이다. 기대 이상으로 오래 버티고, 계획 밖의 위험을 감수하는 일은 쉽게 일어나지 않는다. 그래서 성과가 기대에 못 미칠 때도 그는 운이나 환경을 먼저 탓하지 않았다. 대신 자신에게 이렇게 물었다.

"정말 그만큼을 원했는가?"

"그 결과를 감당할 준비가 되어 있었는가?"

이 질문은 자신을 몰아붙이기 위한 채찍이 아니라, 목표와 행동 사이의 간격을 확인하는 점검이다. 원하는 결과가 흐릿하면 선택은 느슨해지고, 불편한 결정은 뒤로 밀린다. 목표가 흐릿하면 행동도 흐릿해진다. 그래서 그는 목표를 세울 때 결과 이후까지 함께 떠올렸다.

"그 성과에 따르는 책임을 감당할 수 있는가?"

"그 규모의 비판을 견딜 준비가 되어 있는가?"

"그 결과가 삶의 방향을 바꿔도 괜찮은가?"

여기에 답할 수 있을 때만 목표는 행동을 이끄는 기준이 된다. 그렇지 않으면 목표는 말로만 남는다. 말은 남아도 선택은 바뀌지 않는다.

"원하는 만큼만 얻게 된다"는 말에는 이런 냉정한 자기 확인이 담겨 있다. 목표를 낮춰 마음을 달래라는 조언이 아니라, 목표를 분명히 세워 행동을 바꾸라는 요구다.

목표의 크기가 질문을 바꾼다

목표가 크면 삶을 바라보는 기준부터 달라진다. 무엇에 시간을 쓰는지, 어떤 사람 곁에 머무는지, 그리고 실패를 어떻게 해석하는지까지 함께 바뀐다.

작은 목표를 가진 사람에게 실패는 종착지에 가깝다. "여기까지가 내 실력인가 보다"라는 결론으로 쉽게 이어진다. 실패는 멈춰야 할 이유가 되고, 다음 선택은 지금보다 더 안전한 쪽으로만 움직인다. 결과적으로 선택의 반경은 조금씩 줄어든다.

반대로 큰 목표를 가진 사람에게 실패는 과정의 일부다. 끝이 아니라 중간 점검에 가깝다. 무엇이 어긋났는지, 어디를 다시 설계해야 하는지를 알려주는 신호로 읽는다. 목표가 멀수록 한 번의 실패가 차지하는 비중은 작아진다. 그래서 실패가 삶 전체를 규정하지 못한다.

페이지가 경계한 것도 바로 이것이었다. 실패 자체가 아니라, 실패를 피하기 위해 목표를 줄여 버리는 태도. 안전한 범위에 머무르겠다는 결정이 사고의 크기와 질문의 깊이까지 함께 낮춘다는 점이었다.

목표를 낮추는 순간, 질문도 달라진다.

"어떻게 하면 더 멀리 갈 수 있을까?" 대신 "이 정도면 괜찮지 않을까?"가 기준이 된다. 그 안에서는 선택도, 실험도, 배움도 익숙한 수준을 넘기 어렵다. 달라질 가능성은 조용히 줄어든다.

페이지에게 중요한 것은 성공했는가, 실패했는가가 아니었다. 지금의 태도가 내가 말해 온 목표의 크기에 어울리는가였다. 그래서 그는 실패 앞에서 자신을 평가하지 않았다. 대신 목표 앞에 다시 세웠다.

기대를 낮추지 않게 붙잡아 주는 질문

페이지가 반복해서 자신에게 던진 것은 위로의 말이 아니라 점검의 질문이었다.

"나는 지금, 정말 어느 정도를 원하는가?"

"이 선택은 내가 말해 온 목표의 크기와 맞는가?"

사람은 흔히 '현실적'이라는 말로 기대치를 조금씩 낮춘다. 처음에는 합리적인 판단처럼 보인다. 하지만 그런 선택이 쌓이면 어느새 처음 생각했던 자리와는 전혀 다른 곳에 서 있게 된다.

페이지는 이 변화를 예민하게 경계했다. 그래서 기록은 그에게 감정을 풀어놓는 수단이 아니었다. 기대의 높이를 잃지 않기 위한 장치였다. 지금의 선택이 목표를 향하고 있는지, 아니면 편안함을 향하고 있는지를 확인하는 도구였다.

이 질문을 놓지 않는 한 목표는 쉽게 작아지지 않는다. 상황이 흔들려도 기준은 남는다. 그리고 그 기준을 끝까지 지켜낸 사람만이 결국 처음 자신이 진짜로 원했던 지점에 도달할 수 있다.

목표가 크다고 해서 자동으로 삶을 바꾸지는 않는다. 하지만 목표를 줄이지 않겠다는 태도는 선택을 바꾸고, 그 선택은 결국 삶의 방향을 바꾼다.

Larry Page's NOTE

NOTE 01 목표는 현실보다 한 발 앞에 있어야 한다.

현실에 맞춘 목표는 현실을 넘지 못한다.
기준을 높일수록 사고의 범위가 넓어진다.

NOTE 02 큰 꿈은 실행을 요구한다.

상상은 출발점이고,
작은 실행의 반복이 꿈을 현실로 끌어온다.

NOTE 03 실패는 방향 수정의 신호다.

실패는 멈추라는 경고가 아니라,
다음 시도를 더 정확하게 조정하라는 신호다.

NOTE 04 기준이 선택을 단순하게 만든다.

무엇을 원하는지가 분명하면,
버릴 것과 취할 것이 빠르게 정리된다.

NOTE 05 원하는 만큼만 얻게 된다.

기대의 크기가 노력의 밀도를 결정하고,
그 밀도가 결과의 한계를 정한다.

THE NOTE — Larry Page

"작게 바라보면 안전하다.
그러나 크게 바라볼 때 비로소 길이 보인다."

"함께 갈 사람을 남겨라"

— 찰리 멍거(Charlie Munger) | 미국의 변호사 출신 투자가

성공이란 끝까지 함께 갈 사람을 남기는 일

찰리 멍거의 삶을 관통한 원칙을 하나만 꼽으라면, 그는 이렇게 말할 것이다.

"먼저 챙기려 하지 않는 것."

사람들은 성공을 말할 때 습관처럼 이렇게 묻는다.

"얼마나 벌었는가?"

"얼마나 일찍 도착했는가?"

"무엇을 더 가졌는가?"

멍거는 이 질문들의 출발점이 틀렸다고 생각했다. 비교와 단기 성과가 전제로 깔려 있기 때문이다. 그래서 그는 질문을 바꿨다.

"무엇을 더 얻을 수 있는가?"가 아니라, "무엇을 먼저 내줄 수 있는가?"

여기서 '주는 것'은 선의를 과시하는 태도가 아니었다. 멍거에게 그
것은 현실적인 계산이었다. 지금 조금 내주면 시간이 지나 신뢰와
기회가 어디서 돌아오는지 그는 경험으로 알고 있었다. 한 번의 거
래에서 이기는 것보다, 다음 거래가 열리는 방식이 더 중요하다는
뜻이다.

버크셔 해서웨이를 키워가는 과정에서도 그는 중요한 선택 앞에서
늘 같은 기준으로 돌아갔다.

"이 결정은 관계를 오래가게 만드는가, 아니면 당장 유리해 보일 뿐
인가?"

그래서 협상에서 더 챙길 수 있는 순간에도, 상대가 불공정하다고
느낄 여지가 있다면 한 발 물러섰다. 겉으로는 손해처럼 보였지만,
멍거는 알고 있었다. 그 손해가 진짜 손해가 아니라는 것을.

신뢰는 재무제표에 바로 잡히지 않는다. 그러나 한 번 쌓이면 쉽게
사라지지 않고, 결정적인 순간에 돈으로는 살 수 없는 선택지를 남
긴다. 멍거에게 성공이란 누구보다 먼저 가져가는 일이 아니었다.
끝까지 함께 갈 사람을 남기는 일이었다.

손해처럼 보이는 선택의 진짜 가치

멍거의 말은 많은 사람을 불편하게 한다. 조언처럼 들리지 않기 때
문이다. 그렇다고 해서 위로의 말도 아니다. 오히려 지금까지 당연

하게 여겨 온 판단 방식을 의심하게 한다.

대부분의 사람은 이렇게 생각한다. 조금이라도 더 가져와야 안전하다고. 이번에 양보하면 다음은 없을 것 같다고. 기회는 늘 부족하고, 경쟁은 치열하니 손해를 감수할 여유는 없다고 말이다.

멍거는 이 전제부터 잘못됐다고 생각했다. 그는 문제가 기회가 부족해서 생기는 게 아니라, 사람들이 기회를 너무 짧게 바라보기 때문에 생긴다고 봤다.

멍거는 손해를 싫어했지만, 손해처럼 보이는 선택을 두려워하지는 않았다. 두 가지는 전혀 다른 문제라는 걸 알고 있었기 때문이다.

신뢰는 한 번 잃으면 다시 쌓는 데 오랜 시간이 걸린다. 하지만 신뢰를 꾸준히 쌓아온 사람에게는 위기의 순간에도 선택지가 남는다. 모두가 등을 돌릴 때, 오히려 먼저 손을 내미는 사람이 나타나기 때문이다. 그래서 멍거는 계산의 기준을 다르게 두었다. "이번 거래에서 얼마나 더 얻을 수 있는가?"가 아니라, "이 선택이 다음 기회를 열어주는가?", "이 관계를 계속 이어갈 수 있는가?"를 먼저 물었다. 이 기준 앞에서는 당장의 손해도 감당할 만한 비용이었다. 멍거는 그 비용을 전혀 아까워하지 않았다.

그가 남긴 메시지는 분명하다. 지금 조금 덜 가져가는 용기는 미래의 선택지를 넓히는 가장 확실한 방법이라는 것이다. 주는 선택은 패배가 아니다. 긴 게임을 선택했다는 뜻이다. 멍거는 그 긴 게임에서 신뢰라는 자산이 결국 가장 큰 수익으로 돌아온다는 사실을 조용하지만 꾸준하게 보여주었다.

상대가 '졌다고 느끼지 않게' 하는 기술

멍거는 관계를 단순한 거래의 반복으로 보지 않았다. 그가 중요하
게 생각한 것은 계약서에 적히지 않는 부분, 즉 사람 사이에서 시간
과 함께 쌓이는 신뢰였다.

그는 알고 있었다. 사람은 계산만으로 움직이지 않고, 관계는 언제
나 감정과 인식의 영향을 받는다는 것을. 그래서 누가 더 좋은 조건
을 얻었는지보다, 이 관계가 앞으로도 이어질 수 있는지를 먼저 살
폈다.

먼저 주는 사람에게는 굳이 설명하지 않아도 사람이 모인다. 또한
기회를 혼자 차지하지 않고 나누는 사람에게 오히려 더 큰 기회가
돌아오며, 상대를 이기려 들지 않는 사람은 자연스럽게 관계의 중
심에 선다. 멍거는 이런 장면을 수없이 보아왔다. 그래서 그는 이렇
게 말했다.

"현명한 사람은 상대가 이기고 있다고 느끼게 만든다."

이 말은 예의나 겸손에 대한 조언이 아니다. 오래 가는 관계의 핵심
을 짚은 아주 현실적인 통찰이다.

사람은 손해를 봤다고 느끼는 관계에서는 언젠가 마음을 거둔다.
하지만 공정하다고 느끼는 관계에서는 기꺼이 시간을 함께한다. 또
한 사람은 단순히 이익을 준 사람보다, 자신을 공정하게 대했다고

느끼게 한 사람과 더 오래 간다. 그래서 그는 상대가 '졌다'고 느끼지 않게 만드는 선택을 했다. 당장의 우위 대신, 관계를 길게 가져가는 쪽을 택한 것이다.

그의 선택은 때로 느려 보였고, 지나친 양보처럼 보이기도 했다. 하지만 시간이 지나면 결과는 같았다. 신뢰는 쌓였고, 평판은 단단해졌으며, 그 위에서 새로운 기회가 자연스럽게 열렸다.

멍거에게 관계란 누가 더 많이 챙겼느냐의 문제가 아니었다. 누가 더 오래 함께할 수 있느냐의 문제였다. 그리고 그는 그 질문에 가장 현실적으로 답한 사람이었다.

삶을 지탱한 하나의 질문

멍거에게 '주는 선택'은 필요할 때 꺼내 쓰는 카드가 아니었다. 이미 상황이 불리해졌을 때 택하는 방어 전략도 아니었다.

그의 판단은 언제나 그 지점에서 시작되었다. 무엇을 더 얻을 수 있는가가 아니라, 이 선택이 어떤 관계를 남기는가에서부터였다. 그래서 중요한 순간마다 그는 스스로에게 같은 질문을 던졌다.

"이 결정은 나만 편해지는 선택인가, 아니면 시간이 지나도 함께 갈 수 있는 구조를 만드는 선택인가?"

이 질문은 늘 결정을 늦췄다. 즉각적인 결론을 허락하지 않았고, 한 번 더 생각하게 했다. 하지만 바로 그 덕분에 방향은 쉽게 흔들리지 않았다. 속도는 느릴 수 있었지만, 되돌아가야 할 이유가 적었다.

짧은 거리에서는 손해처럼 보일지 몰라도, 긴 시간 위에서는 설명이 가능한 선택만 남았다.

멍거는 알고 있었다. 사람들이 최종적으로 선택하는 것은 가장 똑똑해 보이는 사람이 아니라, 함께 가도 불안하지 않은 사람이라는 사실을.

실력이 뛰어나도 신뢰가 없는 사람과는 누구도 오래 함께하지 않는다. 반대로 완벽하지 않아도 기준이 분명하고 예측 가능한 사람에게는 시간과 기회를 기꺼이 맡긴다. 그래서 그는 자신이 가장 앞서 나갈 수 있는 순간에도 일부러 속도를 조절했다. 상대를 이기는 선택보다 관계를 다음 단계로 넘기는 선택을 택했다. 그 선택들이 쌓여 그는 누구나 함께 하고 싶은 사람이 되었다.

멍거에게 성공이란 눈에 보이는 성과의 합이 아니었다. 얼마를 벌었는지, 얼마나 앞서 있는지는 그에게 중요한 문제가 아니었다. 그가 끝까지 붙잡은 기준은 단 하나였다.

"시간이 지나도 함께할 사람이 남아 있는가?"

그래서 그에게 성공이란 혼자 먼저 도착하는 능력이 아니라, 사람을 남기며 끝까지 가는 힘이었다.

우리의 수첩에도 다시 적어야 할 문장

"주는 사람이 결국 이긴다."

너무 자주 들어서 이제는 흘려듣게 되는 말이다. 하지만 멍거는 이 문장을 좋은 말로만 남겨두지 않았다. 강연에서 한 번 말하고 끝내는 조언으로도 쓰지 않았다.

그에게 이 문장은 선택의 순간마다 다시 확인해야 할 기준이었다. 이익이 눈앞에 보일 때, 조금만 더 챙길 수 있을 것 같을 때, 이번만큼은 상대를 이겨도 괜찮아 보일 때마다 그는 이 문장으로 돌아왔다. 지금의 선택이 관계를 남기는 선택인지, 아니면 숫자만 남기는 선택인지 스스로에게 묻기 위해서였다. 그래서 이 문장은 수첩에서는 여러 번 적히고 지워졌을지 몰라도, 삶에서는 한 번도 힘을 잃지 않았다. 오히려 시간이 지날수록 더 분명해졌다.

먼저 주는 선택은 당장 손해처럼 보일 수 있다. 속도는 느려지고, 성과는 뒤로 밀릴 수도 있다. 하지만 그런 선택이 쌓이면 숫자로는 셀 수 없는 것이 남는다. 사람, 신뢰, 평판, 그리고 다음 기회들이다. 멍거는 이 사실을 이론이 아니라 경험으로 알고 있었다. 그래서 그는 끝까지 이 문장을 놓지 않았다. 어쩌면 지금, 우리의 수첩에도 이 문장을 다시 적어야 할지 모른다.

Charlie Munger's NOTE

NOTE 01   **먼저 주는 사람이 판을 만든다.**

단기 이익보다 신뢰를 먼저 선택하라.
신뢰는 시간이 지날수록 스스로 증식한다.

NOTE 02   **손해처럼 보여도 기준을 지켜라.**

당장의 유불리보다 원칙을 지키는 선택이 장기적 우위를
만든다.

NOTE 03   **관계는 거래가 아니라 자산이다.**

사람을 계산하지 말고 축적하라.
좋은 관계는 최고의 복리 자산이다.

NOTE 04   **평판은 가장 값싼 보험이다.**

한 번의 이익보다 평생의 평판이 더 큰 기회를 부른다.

NOTE 05   **덜 가지려는 태도가 더 크게 만든다.**

욕심을 줄일수록 선택은 명확해지고, 결과는 오래 간다.

THE NOTE — Charlie Munger

"지금 조금 덜 가져가도 괜찮다.
기준을 지킨 선택은 결국 가장 큰 보상으로 돌아온다."

NOTE 04

"할 수 있다고 믿는 순간, 길이 열린다"

— 헨리 포드(Henry Ford) | 포드 자동차 창업주

확신은 감정이 아니라 기준

많은 사람은 "할 수 있다"는 말을 의지나 낙관의 표현으로 받아들인다. 스스로를 다독이기 위한 말, 불안을 잠시 눌러두는 긍정의 문장쯤으로 여긴다. 하지만 헨리 포드에게 이 말은 감정의 문제가 아니었다.

그에게 "할 수 있다"는 말은 희망이 아니라 전제였다. 마음을 북돋는 말이 아니라, 어떤 선택을 할지 어떤 선택을 하지 않을지를 가르는 기준이었다.

포드는 막연히 믿지 않았다. 대신 분명한 선을 그었다. 방향이 맞다면 계산은 그다음 문제였고, 기준에 맞지 않는 선택지는 처음부터 제외했다. 그래서 그의 질문은 늘 순서가 달랐다.

사람들은 먼저 묻는다.

"가능한가?"

그러나 포드는 그 질문을 뒤로 미뤘다. 그가 먼저 던진 질문은 이것이었다.

"이게 맞는가?"

"사람을 위한 선택인가?"

"오래 작동할 수 있는 구조인가?"

이 질문에 "그렇다"고 답할 수 있을 때만 그는 방법을 고민했다. 방법이 없으면 만들었고, 기술이 부족하면 구조부터 바꿨다. 할 수 있다고 믿어서가 아니라, 이 방향이 옳다고 판단했기 때문이다.

포드에게 확신은 감정이 아니었다. 모든 계산보다 먼저 작동하는 판단의 기준이었다.

기준을 바꾸면 길은 따라온다

20세기 초, 자동차는 일부 사람들만을 위한 물건이었다. 값이 매우 비쌌고, 다루기 어려웠으며, 고장 나면 고칠 방법도 마땅치 않았다. 사람들은 그걸 당연하게 받아들였다. 자동차란 원래 그런 것으로 생각했다. 하지만 헨리 포드는 달랐다.

그는 질문의 출발점을 바꿨다. 자동차를 "누가 가질 수 있는가?"가 아니라, "누구나 써야 하지 않는가?"의 문제로 보았다. 이는 자동차를 더 많이 팔기 위한 광고 문구도, 이상적인 선언도 아니었다. 모든 판단을 통과해야 하는 그만의 기준이었다.

기준이 바뀌자, 고민의 방향도 완전히 달라졌다. 어떻게 더 화려하게 만들 것인가가 아니라, 어떻게 더 싸고, 더 튼튼하고, 더 오래 쓸수 있을지를 고민했다. 그래서 속도를 높이기보다 고장을 줄였고, 기술을 과시하기보다 반복해도 흔들리지 않는 시스템을 선택했다. 그 결과 공정은 단순해졌고, 부품은 표준화되었으며, 개인의 숙련에 의존하던 생산은 누구나 같은 품질을 만들 수 있는 시스템으로 바뀌었다.

컨베이어 벨트도 같은 맥락이었다. 사람을 기계처럼 쓰기 위한 장치가 아니라, 사람이 지치지 않고 오래 일할 수 있게 하는 구조였다. 속도를 높이기 위한 선택이 아니라, 변수를 줄이기 위한 선택이었다.

포드는 새로운 길을 기술로 발명한 것이 아니다. 무엇을 당연하게 볼 것인지를 바꾸자, 그에 맞는 길이 자연스럽게 드러났을 뿐이다. 그래서 그의 혁신은 방법의 혁신이 아니라 전제의 혁신이었다. 어떻게 풀 것인가보다, 무엇을 문제로 볼 것인가를 바꾸었기 때문이다. 그런 점에서 포드는 더 나은 자동차를 만든 사람이 아니라, 자동차가 있어야 할 자리를 다시 정의한 사람이었다.

사람을 남기는 시스템, 길을 만드는 구조

포드의 결정 가운데 가장 큰 반발을 불러온 선택은 하루 5달러 임금이었다. 당시 기준으로는 지나치게 높은 액수였고, 회사가 스스로 이익을 줄이는 선택처럼 보였다.

사람들은 이를 감정적인 배려, 혹은 위험한 이상주의라고 말했다. 하지만 포드는 이에 대해 일일이 설명하지 않았다. 그에게 중요한 것은 임금이 많으냐 적으냐가 아니라, 이 구조가 얼마나 오래 작동하느냐였다.

포드가 붙잡고 있던 질문은 단순했다.

"이 시스템은 몇 년이나 버틸 수 있는가?"

그는 현장을 잘 알고 있었다. 노동자가 불안하면 집중은 깨지고, 생활이 불안정하면 숙련은 쌓이지 않는다. 사람을 쉽게 바꿀 수 있다고 생각하는 순간, 조직은 끊임없는 이탈과 재교육, 실수와 비효율을 감당해야 한다.

포드는 이 문제를 비용이 아니라 구조의 문제로 보았다. 그래서 임금을 올렸다. 사람을 붙잡기 위해서가 아니라, 시스템을 안정시키기 위해서였다.

임금 인상은 당장의 수익을 줄이는 선택처럼 보였지만, 포드는 더 멀리 내다봤다. 이직률이 낮아지면 교육 비용이 줄고, 경험이 쌓이면 품질이 안정된다. 현장이 안정되면 생산성은 억지로 밀어붙이지 않아도 올라간다.

결과는 빠르게 나타났다. 이직률은 눈에 띄게 줄었고, 작업 속도와 품질은 함께 좋아졌다. 사람들은 오래 머물렀고, 시스템은 점점 매끄럽게 돌아갔다. 이를 통해 포드는 사람을 아끼는 선택은 도덕적인 미덕이기 전에, 가장 현실적인 경영 판단이 될 수 있음을 확실히 보여주었다.

포드가 증명한 것은 단순한 임금 정책이 아니었다. 길은 단기 이익을 좇을 때 열리지 않는다.

오래 작동하는 구조를 선택할 때, 그 구조 스스로 길을 만든다. 포드에게 중요한 것은 오늘 얼마를 남기느냐가 아니었다. 이 시스템이 내일도, 내년에도 같은 기준으로 작동할 수 있는가였다. 그래서 그의 선택은 조금 느려 보였지만, 결국 누구보다 멀리 갔다.

확신은 말이 아니라 구조로 증명된다

포드는 사람들을 설득하는 데 힘을 쓰지 않았다. 대신 질문을 바꿨다. "어떻게 납득시킬까?"가 아니라, "이 믿음이 매일 작동하게 만들 수 있을까?"를 물었다.

그는 말을 고치기보다 시스템을 고치려 했다. 실례로, 컨베이어 벨트를 도입할 때 사람을 기계처럼 만든다는 비판도 있었지만, 그의 관심은 효율 경쟁이 아니었다. 그가 생각한 핵심은 지속성이었다.

작업이 복잡해질수록 결과는 개인의 컨디션과 숙련도에 흔들린다. 누군가는 잘하고, 누군가는 버거워한다. 이 차이가 쌓이면 품질은 들쭉날쭉해지고, 조직은 사람을 더 빨리 소모한다.

포드는 이 문제를 개인의 능력으로 해결하지 않았다. 공정을 나누고, 흐름을 단순하게 만들고, 누가 와도 같은 기준으로 돌아가게 했다. 그 결과 개인의 부담은 줄었고, 조직은 사람에게 무리하지 않아도 되는 리듬을 얻었다.

포드에게 시스템은 속도를 올리는 장치가 아니었다. 확신이 매일 반복되는 방식이었다. 아침마다 공장이 돌아가고, 사람이 자리를 지키고, 제품이 같은 품질로 나오는 그 반복. 그 일상 자체가 그의 믿음이었다.

확신은 말로 남으면 빨리 닳는다. 구호는 바뀌고, 설명은 잊는다. 하지만 확신이 구조가 되면 다르다. 설명하지 않아도 돌아가고, 주장하지 않아도 결과로 증명된다.

포드는 이를 잘 알고 있었다. 그래서 그는 믿음을 말하지 않았다. 믿음이 매일 돌아가게 만들었을 뿐이다.

긍정보다 무서운 '전제'의 힘

포드의 말은 긍정의 주문이 아니다.

"할 수 있다고 믿든, 할 수 없다고 믿든 당신의 생각은 옳다."

이 말은 위로가 아니라 경고에 가깝다.

할 수 없다고 믿는 순간, 사람은 이유를 찾기 시작한다. 왜 지금은 아닌지, 왜 조건이 부족한지, 왜 위험한지를 설명하며 아무것도 하지 않아도 되는 상태에 머문다.

반대로 할 수 있다고 전제하면 질문이 달라진다. 가능한지를 따지기보다 무엇을 준비해야 하는지, 어디까지 감당할 수 있는지, 무엇을 바꿔야 다음 단계로 갈 수 있는지를 묻게 된다.

이 믿음은 결과를 보장하지는 않는다. 하지만 행동의 출발선을 앞당긴다.

포드는 사람들에게 믿으라고 요구하지 않았다. 대신 할 수 있다고 전제했을 때만 가능한 선택을 실제로 실행했다.

대중을 위한 자동차, 파격적인 임금, 새로운 생산 구조. 이 모든 것은 낙관의 산물이 아니었다. 가능하다고 가정했을 때만 보이는 선택을 끝까지 책임진 결과였다.

무엇을 믿느냐는 기분의 문제가 아니다. 어디까지 시도할 것인가를 정하는 기준의 문제다. 포드의 삶은 이를 보여준다. 생각은 행동이 되고, 행동은 구조가 되며, 그 구조가 결국 사람이 걸어갈 길을 만든다.

.

Henry Ford's NOTE

NOTE 01 확신은 감정이 아니라 기준이다.

믿음은 마음속에 두지 말고, 선택의 기준으로 세워라.

NOTE 02 목표가 아니라 전제를 바꿔라.

"가능한가?"를 묻기 전에, "당연한가?"를 의심하라.

NOTE 03 덜 가져갈수록 판은 커진다.

눈앞의 이익을 줄일수록, 구조는 오래 작동한다.

NOTE 04 확신은 말이 아니라 시스템이 된다.

믿는 것을 반복 가능한 방식으로 만들 때, 결과는 따라온다.

NOTE 05 지속은 속도를 이긴다.

빠른 성공보다 오래 가는 구조를 선택하라.

THE NOTE — Henry Ford

"할 수 있다고 믿는 순간. 길은 열린다.
그리고 그 길은 행동으로 다질 때 비로소 현실이 된다."

"실패는 다음 성공을 위한 데이터"

— 혼다 소이치로(Honda Soichiro) | 혼다 창업주

실패를 기록으로 남긴 사람

대부분의 사람은 실패를 가능한 한 빨리 잊으려 한다. 실패를 꺼내는 순간 자신이 모자라 보일 것 같기 때문이다. 그래서 사람들은 "실패를 정리했다"고 말한다. 하지만 실제로는 이해했다기보다 덮어두는 경우가 많다. 문제는 그다음이다.

실패를 빨리 잊을수록 같은 선택은 더 빨리 반복된다. 잊힌 실패는 반성의 대상이 아니라, 다시 나타나는 습관이 되기 때문이다.

혼다 소이치로는 이 방식에 동의하지 않았다. 그는 실패를 숨기지 않았고, "운이 없었다"는 말로 덮지도 않았다. 오히려 실패를 더 오래 곁에 두었다.

그는 성공의 결과보다 설명되지 않은 실패의 과정에 시간을 썼다.

무엇이 작동하지 않았는지, 어디서 가정이 무너졌는지를 끝까지 확인했다.

혼다에게 실패는 부끄러운 흔적이 아니었다. 다음 선택을 바꾸기 위한 기록이었다. 그래서 그는 실패를 서둘러 정리하지 않았다. 충분히 이해될 때까지 붙들었고, 실패가 말과 구조로 설명될 때까지 놓지 않았다.

그는 실패를 미화하지도, 자책의 대상으로 삼지도 않았다. 실패를 감정에서 떼어 판단의 영역으로 옮겼다. 감정이 앞서면 실패는 상처로 남지만, 판단이 앞서면 실패는 데이터가 된다.

혼다가 우리에게 남긴 메시지는 다음과 같다.

"실패를 감정으로 소비하지 말고, 다음 성장을 위한 도구로 써라."

불편하다는 이유로 덮어버린 실패는 아무것도 남기지 않는다. 하지만 끝까지 들여다본 실패는 다음 선택의 기준이 된다.

실패를 오래 붙잡는 일은 과거에 매달리는 미련이 아니다. 다음 선택을 더 정확하게 준비하는 가장 적극적인 행동이다.

혼다에게 실패는 끝이 아니라, 새로운 설계가 시작되는 출발점이었다.

실패는 미래를 위한 가장 정교한 데이터

혼다는 실패를 감정으로 처리하지 않았다. 좌절이나 자책은 잠깐의 위로가 될 수는 있지만, 다음 판단을 흐리게 만든다고 봤기 때문이다. 그에게 실패는 '나쁜 사건'이 아니라, 반드시 해석해야 할 실험 결과였다.

혼다는 성공과 실패를 좋고 나쁨으로 나누지 않았다. 대신 이렇게 구분했다.

"무엇을 더 알려주는가?"

성공은 결과를 확인하게 해주지만, 왜 성공했는지까지는 자세히 말해주지 않는다. 반면 실패는 과정 전체를 다시 불러온다. 어디서 가정이 어긋났는지, 무엇을 과신했는지, 준비가 어디까지였는지가 하나씩 드러난다. 혼다는 이 차이를 알고 있었다. 그래서 실패 앞에서 그는 감정을 먼저 꺼내지 않았다. 대신 다음과 같은 질문을 꺼냈다.

"어디서 판단이 어긋났는가?"

"기술의 한계인가, 공정의 문제인가?"

"기준을 잘못 이해했는가, 준비가 부족했는가?"

이 질문들은 자신을 몰아붙이기 위한 채찍이 아니었다. 다음 시도를 조금이라도 더 정확하게 만들기 위한 점검표였다.

혼다에게 실패 분석은 후회가 아니라, 미래의 선택지를 정리하는 일이었다. 그는 실패를 대충 넘기지 않았다. 이해될 때까지 붙잡았고, 설계에 반영될 때까지 놓지 않았다. 그 결과 같은 실패를 반복하지 않았다. 넘어질 수는 있었지만, 같은 방식으로 무너지지는 않았다.

감정으로 끝난 실패는 상처만 남기고 사라진다. 시간이 지나면 흐릿해지고, 결국 같은 선택을 다시 부른다. 하지만 분석된 실패는 기준으로 남는다. 다음 판단의 출발점이 되고, 선택의 정확도를 높인다.

혼다가 수없이 넘어지면서도 끝내 앞으로 나아갈 수 있었던 이유는 여기에 있다. 실패를 덜 겪어서가 아니라, 실패를 끝내지 않고 다음 선택으로 연결했기 때문이다.

기록되지 않은 실패야말로 진짜 실패

혼다는 실패를 마음속에만 담아두지 않았다. 실패를 기억의 문제가 아니라, 기록의 문제로 다뤘다. 어디서부터 어긋났는지, 어느 공정에서 기준이 흔들렸는지, 사람의 손이 개입된 지점은 어디였는지까지 구체적으로 기록했다. 이는 다음 설계를 위한 근거이기도 했다.

실패가 쌓일수록 수첩은 두꺼워졌다. 하지만 판단은 오히려 단순해졌다. 쓸데없는 가능성은 줄고, 중요한 기준은 더 분명해졌기 때문이다. 기록이 늘어날수록 선택지가 많아진 것이 아니라, 선택의 방향이 또렷해졌다.

그는 실패를 없애기 위해 기록하지 않았다. 같은 실패를 같은 방식으로 반복하지 않기 위해 기록했다. 실패를 피하려는 사람은 점점 조심스러워진다. 하지만 실패를 기록하는 사람은 점점 정확해진다.

그의 수첩에는 후회나 변명이 거의 없다. 대신 이런 것들이 남아 있다.

"다음에는 무엇을 바꿀 것인가?"

"어디는 건드리지 말아야 하는가?"

혼다에게 실패의 끝은 실패 그 자체가 아니었다. 기록되지 않은 실패, 그것이 다시 같은 자리에 서게 만드는 진짜 실패였다.

성장은 선택지를 지워 가는 일

혼다는 실패 앞에서 "운이 나빴다"는 말을 하지 않았다. 운이나 환경을 탓하는 순간, 책임의 초점이 흐려지고 다음 판단도 함께 흐려진다고 봤다. 실패가 있었다면 그 안에는 반드시 어긋난 판단의 흔적이 남아 있다고 생각했다. 그 흔적을 찾기 전까지는 다음 단계로 절대 넘어가지 않았다.

조직 운영에서도 이 원칙은 그대로 적용되었다. 그는 실패의 책임을 개인에게 돌려 비난하지 않았다. 그렇다고 "어쩔 수 없었다"는 말로 덮지도 않았다. 그가 끝까지 묻는 것은 단 하나였다.

"어떤 결정이 어떤 결과로 이어졌는가?"

불편하고 고통스러운 방식이지만, 이 질문이 반복될수록 기준은 더 단단해졌다. 같은 상황이 다시 왔을 때 무엇을 하지 말아야 하는지가 분명해졌기 때문이다.

혼다는 성장을 성공의 연속으로 보지 않았다. 그는 성장을 통하지 말아야 할 선택지를 하나씩 지워 가는 과정으로 이해했다. 취약한 구조와 반복하면 안 되는 판단을 제거하고 나면, 남는 길은 자연스럽게 또렷해진다고 봤다. 새로운 것을 더하기보다, 잘못된 것을 덜어내는 쪽이 더 빠르다고 믿었다.

혼다의 경쟁력은 화려한 성공담에 있지 않았다. 이미 지워버린 실패의 목록, 다시 가지 않기로 합의한 길들, 그리고 그 위에 세워진 단단한 기준에 있었다.

실패는 방향을 다시 맞추라는 신호

혼다에게 실패는 브레이크가 아니었다. 멈추라는 신호가 아니라, 방향을 다시 맞추라는 정밀한 신호에 가까웠기 때문이다.

사람을 성장하게 만드는 것은 성공의 크기가 아니다. 실패를 어떻게 다루느냐다. 실패를 숨기면 같은 지점에서 다시 흔들린다. 하지만 실패를 끝까지 들여다보면, 다음 선택은 반드시 더 정확해진다. 혼다는 이 차이를 분명히 알고 있었다.

'혼다'라는 이름이 집요함과 기술의 상징으로 남은 이유도 여기에 있다. 한 번의 극적인 성공 때문이 아니다. 실패를 감정으로 소모하지 않고 정보로 바꾸는 태도, 그 정보를 다시 판단의 기준으로 삼아온 오랜 반복이 오늘의 혼다를 만들었다.

혼다의 수첩이 우리에게 전하는 메시지는 단순하다.

"실패는 멈춤이 아니라, 방향을 다시 점검하는 순간이다."

실패는 멈추라는 신호가 아니라, 다음 선택을 더 정확하게 하라는 요구다. 그리고 그 요구에 성실히 답한 사람만이 같은 실패를 다른 방식으로 반복하지 않는다.

Honda Soichiro's NOTE

NOTE 01 실패는 결과가 아니라 신호다.

실패는 멈추라는 뜻이 아니라,
고쳐야 할 지점을 알려주는 신호다.

NOTE 02 감정으로 실패를 처리하지 않는다.

좌절은 기록하지 않지만, 원인은 반드시 남긴다.

NOTE 03 같은 실패는 두 번 하지 않는다.

실패를 반복하지 않으려면, 실패를 분석해야 한다.

NOTE 04 성공보다 실패에서 더 많이 배운다.

성공은 한 줄로 끝나지만, 실패는 다음 설계도를 남긴다.

NOTE 05 실패를 쌓는 사람이 결국 앞선다.

실패의 수가 아니라, 실패를 다루는 방식이 격차를 만든다.

THE NOTE — Honda Soichiro

"실패를 감정으로 소비하지 말고, 다음 성장을 위한 도구로 써라."

PART

04

결과를 바꾸는 문장들

"재능은 시작일 뿐, 끝을 맺는 것은 태도"

— 하워드 슐츠(Howard Schultz) | 스타벅스 종신 명예회장

결과보다 구조를 먼저 세운 이유

뛰어난 감각, 남다른 통찰, 타고난 리더십….

성공한 인물을 말할 때 우리는 늘 이런 단어부터 떠올린다. 사실 이렇게 설명하면 마음이 한결 편해진다. 성공은 원래 특별한 사람의 몫이고, 나와는 애초에 다른 이야기라고 정리할 수 있기 때문이다. 하지만 하워드 슐츠의 삶을 들여다보면 이 설명은 힘을 잃는다. 그의 이력 어디에도 번뜩이는 천재성은 보이지 않는다.

그의 삶은 가난한 어린 시절, 수많은 거절, 확신하지 못한 채 머뭇거린 시간의 연속이었다. 조건만 놓고 보면 오히려 불리한 쪽에 가까웠다.

그는 단 한 번도 자신을 특별한 사람이라고 말하지 않았다. 대신 다

음과 같은 말을 자주 했다.

"나를 여기까지 데려온 것은 재능이 아니라, 포기하지 않는 태도였다."

슐츠는 재능의 역할을 과대평가하지 않았다. 재능은 출발선을 조금 앞당겨줄 뿐이다. 실패라는 긴 터널을 대신 지나주지는 못한다.

성과가 보이지 않는 시간이 길어질 때, 사람들이 등을 돌릴 때, 같은 질문을 다시 붙잡아야 할 때 그것을 극복하게 하는 힘은 결국 태도다.

그는 크게 도약하려 서두르지 않았다. 오늘 할 수 있는 작은 일을 빠뜨리지 않으려 했고, 남들이 포기해도 이해받을 만한 순간에 한 번 더 묻고, 한 번 더 시도했다. 결과는 그 지루해 보이는 반복 뒤에 따라왔을 뿐이다.

성공을 말할 때 재능부터 꺼내는 순간, 우리는 가장 중요한 본질을 놓친다. 이야기를 화려하게 시작하는 것은 재능일 수 있다. 하지만 그 이야기를 끝까지 써 내려가는 힘은 언제나 태도에서 나온다.

방향이 맞다면, '방식'은 얼마든지 바꿀 수 있다

"될 때까지 해라."

이를 악물고 버티라는 주문처럼 늘릴 수 있는 말이다. 하시만 슐츠가 말한 '될 때까지'는 그런 뜻이 아니었다. 오기나 집착과도 거리가 멀었다. 그는 이 말을 성급히 판단하지 않겠다는 뜻으로 이해했다.

스타벅스 초기, 그는 수없이 거절당했다. 투자자들은 고개를 저었고, 커피에 '문화'와 '공간'을 더하겠다는 구상은 현실감 없는 이야기로 여겨졌다. 커피는 빨리 마시고 떠나는 음료일 뿐, 사람들이 머물 이유는 없다는 반응이 대부분이었다. 하지만 슐츠는 이 거절을 실패의 판결로 받아들이지 않았다.

그가 내린 결론은 의외로 단순했다.

"아직은 때가 아닐 뿐이다."

방향이 틀렸다는 분명한 증거가 나오지 않았다면, 멈출 이유도 없다고 봤다. 그래서 그는 자신을 몰아붙이지도, 상대를 원망하지도 않았다. 대신 질문의 초점을 바꿨다. 포기할 이유를 찾는 대신, 방식을 어떻게 바꿀지를 고민했다. 이에 투자자들을 설득할 말을 고치고, 대상을 다시 정리했으며, 큰 성공을 기대하기보다 작은 공간에서 가능한 실험을 이어갔다. 한 번에 판을 뒤집으려 하지 않고, 이해받을 수 있는 지점부터 하나씩 쌓아 나갔다.

핵심은 분명했다. 방향은 유지하되, 그곳에 이르는 방법은 얼마든지 조정할 수 있다는 것.

슐츠에게 '될 때까지'란 끝을 보겠다는 고집이 아니었다. 아직 가능성이 남아 있는 한, 성급히 문을 닫지 않겠다는 선택이었다. 그래서 그의 걸음은 느려 보였지만 쉽게 꺾이지 않았다. 그 차분한 반복이 쌓여, 결국 사람들에게 하나의 문화가 되었다.

'될 때까지'의 진짜 의미

슐츠는 실패를 "이제 끝났다"는 말로 받아들이지 않았다. 그에게 실패는 멈추라는 신호가 아니라, 다음 단계로 가기 전에 읽어야 할 메시지였다. 무엇이 작동하지 않았는지, 어디서 설계가 어긋났는지, 다음에는 무엇을 바꿔야 하는지. 그래서 그는 실패 앞에서 감정을 먼저 꺼내지 않았다. 자책하면서 시간을 보내지도 않았고, 억지로 포장하지도 않았다. 대신 실패를 잘게 나누어 기록하고 점검하는 데 집중했다. 실패를 한 덩어리로 삼키지 않고, 조각내어 다뤘기 때문이다. 이는 조직 운영에서도 마찬가지였다.

스타벅스에서 실패는 숨겨야 할 일이 아니었다. 누군가의 능력 탓으로 넘길 문제도 아니었다. 무엇이 잘못 설계됐는지, 어떤 가정이 현실과 어긋났는지를 함께 확인해야 할 데이터였다. 실패한 사람을 밀어내는 대신, 다음에는 무엇을 고쳐야 할지를 같이 고민하는 구조, 그 덕분에 스타벅스는 한 번에 크게 도약하지는 못했지만, 쉽게 흔들리지 않는 체계를 갖추기 시작했다.

말했다시피, 슐츠에게 '될 때까지'란 이를 악물고 버티라는 말이 아니었다. 무작정 참아내라는 뜻도 아니었다. 아직 점검하지 않은 데이터가 남아 있고, 아직 바꿔볼 선택지가 있다면, 성급히 결론 내리지 않겠다는 태도였다. 포기하지 않겠다는 선언이 아니라, 판단을 더 정교하게 만들겠다는 약속. 그래서 그는 성공을 서두르지 않았다. 속도보다 방향을, 결과보다 구조를 먼저 세웠기 때문이다.

속도보다 '방향'을 택한 이유

슐츠는 빠른 성공이 남기는 공백을 늘 경계했다. 단번의 성과는 눈길을 끌 수 있지만, 그 속도를 감당할 구조와 신뢰가 준비되지 않으면 성공은 오래 버티지 못한다고 생각했기 때문이다. 그래서 그는 결과부터 묻지 않았다. "얼마나 빨리 커질 수 있는가"보다 "이 방향이 시간이 지나도 유지될 수 있는가"를 먼저 점검했다. 당장은 느려 보여도, 시간이 갈수록 더 단단해지는 쪽을 택했다.

그가 선택한 느림은 결코 게으름이 아니었다. 속도는 낮추되, 멈추지는 않는 방식이었다. 오늘 안 되면 내일 다시 시도하고, 막히면 방식을 바꾸고, 필요하다면 처음부터 다시 점검하는 시간까지 처음부터 계획에 포함했다. 조급함으로 결론을 앞당기기보다, 신뢰가 쌓일 만큼 충분히 반복했다.

이 과정은 화려하지 않았고, 겉으로 보이는 성과도 더뎠다. 하지만 반복이 쌓일수록 방향은 흔들리지 않았다. 슐츠가 믿은 것은 이것이다.

신뢰는 한 번의 인상적인 성과로 생기지 않는다. 어려운 순간에도 같은 기준을 지키는지, 작은 약속을 계속 지켜내는지, 사람들은 그 지루한 반복을 보고 판단한다는 사실이다.

그는 이 과정을 건너뛰지 않았다. 그래서 스타벅스는 단순히 커피를 파는 브랜드가 아니라, 시간을 견딘 선택들이 쌓여 만들어진 결과로 남을 수 있었다.

빠르지 않았기에 무너지지 않았고, 느렸기에 오래 갈 수 있었다. 슐츠가 속도보다 방향을 택한 이유가 바로 여기에 있다.

지금은 과정 중일 뿐

슐츠의 태도에는 분명한 공통점이 있다. 그는 결과를 성급하게 해석하지 않았다. 잘될 때도 의미를 과장하지 않았고, 안 될 때도 쉽게 결론을 내리지 않았다.

그는 이 말을 자주 되뇌었다.

"지금은 과정 중일 뿐이다."

이 말에는 분명한 전제가 깔려 있다. 멈추지는 않되, 같은 자리에 머물지도 않는다는 것. 방향은 지키되, 방식은 계속 고친다는 것. 그 때문에 이는 이를 악물고 버티는 인내와는 다르다. 현실을 외면하지 않으면서도, 처음 세운 기준을 쉽게 내려놓지 않는 아주 이성적인 선택에 가깝다.

'과정 중'이라는 인식은 마음을 느슨하게 만들지 않는다. 오히려 판단을 또렷하게 만든다. 지금의 결과가 전부가 아니라는 걸 알기에 조급해지지 않고, 지금 점검할 것과 다음 수를 차분히 고를 수 있다.

슐츠는 성공을 빨리 확정하지 않았고, 실패를 빨리 단정하지도 않았다. 아직 끝난 게 아니라면, 아직 고칠 수 있고, 아직 시도할 수 있다고 봤기 때문이다.

결국 그가 남긴 것은 성공하는 법이 아니다. 시간과 함께 일하는 법, 조급함 대신 신뢰를 쌓는 방식이다.

재능은 출발선일 뿐이다. 속도는 잠깐 앞서게 할 수 있다. 하지만 끝까지 가는 힘은 언제나 태도에서 나온다. 슐츠가 우리에게 보여 준 것은 바로 그것이다.

Howard Schultz's NOTE

NOTE 01   재능보다 오래 가는 것은 태도다.

재능은 시작을 앞당길 수는 있지만, 끝까지 데려다주지는
못한다.

NOTE 02   방향이 맞다면, 방식은 바꿀 수 있다.

포기할 이유를 찾기보다, 방법을 고칠 여지가 남아 있는
지를 먼저 물어라.

NOTE 03   '될 때까지'는 성급히 결론 내리지 않겠다는 태도다.

아직 점검하지 않은 선택지가 남아 있다면, 끝이라고 말
하지 마라.

NOTE 04   속도보다 방향이 더 중요하다.

빠른 성과보다 시간이 지나도 유지되는 구조를 만들어라.

NOTE 05   지금은 과정 중일 뿐이다.

조급하지 말고, 다음 판단을 더 정확하게 하는 데 집중하라.

.THE NOTE — Howard Schultz

"재능은 시작을 돕지만, 끝을 만드는 것은 태도다."

"혼자 가면 빨리 가지만, 함께 가면 멀리 간다"

— 워런 버핏(Warren Buffett) | 투자의 귀재, 버크셔 해서웨이 회장

숫자보다 사람을 먼저 본 투자자

많은 사람이 워런 버핏 하면 압도적인 수익률, 장기 투자, 복리 같은 말부터 꺼낸다. 하지만 그의 삶을 조금만 들여다보면 숫자보다 더 자주 등장하는 단어가 있다. 바로 '사람'이다.

버핏은 선택의 기준을 늘 숫자 밖에 두었다. 얼마나 더 벌 수 있는가보다, 누구와 오래 갈 수 있는지를 먼저 봤다. 아무리 빠른 성과가 보장되어 보여도 그 과정에서 신뢰가 닳고 관계가 소모된다면 그는 주저 없이 물러섰다. 성공은 속도의 문제가 아니라 지속의 문제라고 믿었기 때문이다.

그가 곁에 둔 사람들을 보면 기준은 더 분명해진다. 능력이 뛰어난 사람보다 약속을 지키는 사람, 말이 화려한 사람보다 행동이 한결

같은 사람, 당장의 이익을 좇는 사람보다 시간을 견딜 수 있는 사람을 그는 택했다. 그리고 한 번 맺은 인연은 쉽게 바꾸지 않았다.

투자에서도 태도는 핵심이었다. 숫자보다 먼저 경영자의 자세를 봤고, 새로운 아이디어보다 정직한 운영이 얼마나 오래 이어지는지를 살폈다. 숫자는 흔들릴 수 있지만, 사람의 태도는 쉽게 바뀌지 않는다고 봤기 때문이다. 그래서 그의 선택은 느리고 답답해 보이기도 했다. 하지만 시간이 갈수록 결과는 더 분명해졌다.

버핏이 보여준 성공의 핵심은 단순하다.

숫자를 다루는 기술 이전에, 사람을 대하는 기준을 흔들리지 않게 세우는 것. 그 기준이 있었기에 그는 일회성 성과가 아니라, 수십 년 동안 신뢰받는 이름으로 남을 수 있었다.

혼자 이기는 구조는 오래가지 않는다

버핏은 비교적 이른 시기에 한 가지 사실을 분명히 깨달았다. "혼자만 이기는 구조는 오래가지 않는다"라는 것이다.

시장에서 단기 이익을 만드는 일은 생각보다 어렵지 않다. 정보를 조금 더 빨리 얻고, 협상에서 한 발 앞서고, 숫자를 유리하게 계산하면 빠른 성과는 얼마든지 만들 수 있다. 문제는 그다음이다.

상대가 불리하다고 느끼는 관계는 반복될수록 금이 간다. 한두 번은 넘어갈 수 있어도, 계속 손해를 본다고 느끼는 구조는 언젠가 반드시 끊어진다. 그 순간, 그동안 쌓아온 기회와 정보, 협력의 가능성도 함께 사라진다. 눈앞의 이익은 남아도, 다음 판으로 가는 길은 닫히고 마는 것이다.

그래서 버핏은 질문의 순서를 바꿨다. 얼마를 벌 수 있는지를 묻기 전에, 먼저 이것을 물었다.

"이 관계는 오래갈 수 있는가?"

"상대도 이 구조 안에 계속 남을 이유가 있는가?"

이 질문은 가장 냉정하고 현실적인 계산이었다. 속도는 느릴 수 있어도, 서로가 납득하는 구조는 거래를 한 번으로 끝내지 않고 다시 이어지게 만든다. 또한 반복되는 관계 속에서만 정보는 깊어지고, 기회는 자연스럽게 쌓인다.

버핏은 이 전제 위에서 투자와 협상을 설계했다. 조금 더 이득을 볼 수 있는 상황에서도 상대가 불공정하다고 느낄 여지가 있다면 기꺼이 한 발 물러섰다. 당장의 숫자보다, 다음에도 같은 테이블에 앉을 수 있는지를 더 중요하게 봤기 때문이다.

그에게 신뢰는 추상적인 미덕이 아니었다. 반복 거래를 가능하게 하고, 위기에서도 대화를 이어가게 하며, 새로운 기회가 생겼을 때 가장 먼저 떠오르게 만드는 실질적인 자본이었다. 지금 당장 숫자로 환산되지는 않지만, 한 번 쌓이면 쉽게 사라지지 않는 자산이기도 했다.

결국 버핏에게 투자는 숫자의 게임이기 전에 구조의 문제였다. 누가 더 많이 가져가는가가 아니라, 이 구조가 얼마나 오래 작동하느냐가 중요했다. 그런 점에서 그는 승부사가 아니라, 함께 오래 이기는 구조를 설계한 사람이었다.

확신을 교정하는 파트너십

버핏의 철학을 가장 또렷하게 보여주는 사람은 평생의 파트너 찰리 멍거다. 두 사람의 관계는 흔히 말하는 '최고의 파트너십'이라는 표현만으로는 부족하다. 역할을 나눈 협업이 아니라, 판단이 만들어지는 구조를 함께 설계한 관계에 가깝다.

알다시피 버핏은 혼자서도 빠르고 대담한 결정을 내릴 수 있는 사람이었다. 직관이 뛰어났고 계산도 정확했다. 그럼에도 그는 혼자 판단하는 방식을 경계했다. 판단이 날카로울수록, 그 판단을 그대로 믿는 순간이 가장 위험하다는 걸 알고 있었기 때문이다. 그래서 그는 일부러 자신의 확신을 흔들 사람을 곁에 두었다.

멍거의 역할은 단순한 조언자가 아니었다. 그는 확신을 교정하는 거울이었다. 한 사람이 "이건 분명히 맞다"고 말하면, 다른 한 사람은 "왜 그렇게 생각하는가?"를 물었다. 모두가 고개를 끄덕일 때도, 불편한 질문을 던지고 건제부터 다시 꺼냈다. 겉으로 보면 매우 비효율적인 방식이다. 결정은 느려지고, 토론은 길어지기 때문이다. 이미 답이 나온 문제를 처음부터 다시 보는 것처럼 보이기도 한다. 하지만 그 대가로 얻는 것은 분명했다. 크게 틀릴 가능성, 인생을 망칠 판단을 내릴 확률을 최대한 낮춘 것이다.

좋은 파트너십이란 서로의 판단을 더 단단하게 만들기 위해 질문하고, 논리를 검증하고, 감정을 걷어내는 과정이다. 그래서 버핏과 멍거의 결정은 빠르지 않았다. 하지만 한 번 내려진 판단은 쉽게 흔들리지 않았다. 속도는 늦을 수 있어도, 방향은 분명했고, 그 방향은 시간이 지나도 크게 틀어지지 않았다.

버핏이 오랫동안 신뢰받는 이유는 단순히 성과 때문이 아니다. 함께 일하는 사람들에게 예측 가능한 기준을 제공했기 때문이다. 무엇을 중요하게 보는지, 어디까지는 넘지 않는지, 위기 앞에서 무엇을 먼저 점검하는지 등의 기준이 늘 같았기에 사람들은 안심하고 그와 함께할 수 있었다. 그 일관성이 협력을 만들고, 그 협력이 다시 성과를 오랫동안 지속하게 했다.

버핏과 멍거가 남긴 가장 큰 유산은 탁월한 수익률이 아니라, 혼자 생각하지 않기 위해 만든 판단의 구조였다.

같은 기준을 공유하는 힘

버핏에게 신뢰는 호의나 미덕이 아니었다. 시간이 지날수록 가치가 커지는 자산이었다. 그래서 그는 신뢰를 함부로 사용하지 않았다. 눈앞의 이익을 위해 깎아 쓰지도, 상황이 불리해졌다고 급히 소모하지도 않았다.

그가 관계를 대하는 방식도 분명했다. 관계를 '좋게 유지하는 일'로 보지 않았다. 대신 오래 작동하는 구조로 만들고자 했다. 감정에 기대는 친분이 아니라, 기준 위에 세운 관계였다.

함께 간다는 것은 무작정 참고 견디는 일이 아니다. 한쪽이 계속 양보하며 버티는 것도 아니다.

버핏이 생각하는 핵심은 이것이었다.

"서로 같은 기준을 공유하고 있는가?"

어디까지는 가능하고, 어디부터는 넘지 않는지. 이 선이 분명할수록 관계는 오래 간다. 그리고 그런 관계 위에서만 새로운 기회가 생긴다. 말하지 않아도 통하고, 설명하지 않아도 신뢰가 먼저 작동하는 순간들이다.

버핏은 이 구조를 의도적으로 쌓았다. 조금 더 유리한 조건을 포기하면서까지 상대가 불공정하다고 느낄 여지를 남기지 않았다. 당장은 손해처럼 보일 수 있다. 하지만 시간이 지나면 다른 사람들이 쉽게 닿지 못하는 기회로 되돌아온다.

버핏이 우리에게 남긴 메시지는 다음과 같다.

"멀리 가고 싶다면, 혼자 이기는 선택보다 함께 오래 갈 수 있는 선택을 하라."

그 선택은 요란하지 않다. 눈에 띄는 성과로 바로 드러나지도 않는다. 하지만 조용히 쌓여, 시간이 지날수록 가장 강력한 경쟁력이 된다.

Warren Buffett's NOTE

NOTE 01   **혼자서 빨리 가는 길은 오래가지 않는다.**

성과는 개인의 속도가 아니라,
함께 가는 구조에서 유지된다.

NOTE 02   **신뢰는 가장 수익률이 높은 자산이다.**

숫자로 보이지 않아도,
신뢰는 시간이 지날수록 복리로 불어난다.

NOTE 03   **좋은 사람과의 선택은 최고의 투자다.**

기업보다 먼저 봐야 할 것은, 그 일을 함께하는 사람이다.

NOTE 04   **관계는 거래가 아니라 축적이다.**

한 번의 이익보다, 여러 번 함께할 수 있는 관계가 더 멀리
데려간다.

NOTE 05   **함께 가는 길은 느려 보여도 가장 안전하다.**

위기는 혼자 버티지만, 성장은 반드시 함께 만든다.

THE NOTE — Warren Buffett

"혼자 이길 수 있는 선택보다, 함께 오래 갈 수 있는 선택을 하라."

"부는 속도가 아니라 유지"

— 존 D. 록펠러(John D. Rockefeller) | 석유왕

시간을 견디는 구조

빠르게 치솟는 성과가 성공의 증거처럼 여겨지는 시대다. 하지만 존 D. 록펠러는 속도를 믿지 않았다. 그에게 빠른 성장은 능력의 증명이 아니라 오히려 위험 신호에 가까웠다. 한 번에 크게 뛰어오른 성과는 눈길을 끌지만, 그 속도를 버틸 구조가 없다면 오래가지 못한다는 사실을 알고 있었기 때문이다.

그의 질문은 늘 같았다.

"이 선택은 얼마나 오래 갈 수 있는가?"

그는 단기 성과의 유혹을 항상 경계했다. 무리한 확장과 조급한 투자는 겉으로는 대담해 보이지만, 내부가 정리되지 않은 상태에서의 성장은 환경이 조금만 바뀌어도 쉽게 금이 간다. 속도가 빠를수록 무너질 때도 한꺼번에 무너진다. 그래서 그의 판단에는 항상 시간이 포함되어 있었다.

"이 선택은 10년 뒤에도 유지될 수 있는가?"

이 질문은 결정을 미루기 위한 변명이 아니었다. 오히려 불필요한 선택을 과감히 걸러내는 기준이었다. 당장의 기회를 놓칠 수는 있어도, 구조를 망가뜨리는 선택만큼은 하지 않겠다는 원칙이기도 했다.

그는 모든 기회에 반응하지 않았다. 모든 가능성을 움켜쥐려 하지도 않았다. 대신 다음 세 가지를 물었다.

"반복할 수 있는가?"

"통제 가능한 범위인가?"

"시간이 지나도 관리할 수 있는 구조인가?"

이 기준을 넘지 못하면 아무리 매력적인 것이라도 선택지에서 제외했다.

겉으로 보면 그의 행보는 매우 느려 보였다. 하지만 그 느림은 망설임이 아니었다. 충분히 계산된 절제였다. 속도는 앞서가게 할 수 있지만, 끝까지 남게 만드는 것은 오직 지속성이라는 사실을 그는 누구보다 잘 알고 있었다.

록펠러가 남긴 성공의 본질은 화려한 도약이 아니다. 시간을 견디는 구조를 먼저 세우고, 그 위에서만 성장을 허락하는 태도였다. 그래서 그의 선택은 당장은 눈에 띄지 않아도, 시간이 지날수록 더 단단해졌다.

한 번 잘되는 것과 계속 잘되는 것의 차이

록펠러는 언제나 숫자보다 흐름을 먼저 봤다. 이익이 나는지보다, 그 이익이 어떤 경로를 통해 만들어졌는지를 끝까지 확인했다.

원가가 낮아졌다면 이유부터 따졌다. 운이 좋았던 건지, 구조가 바뀐 건지. 유통이 잘 돌아간다면 그 구조가 특정 인물이나 한시적인 조건에 기대고 있지는 않은지 살폈다. 계약이 깔끔해 보여도, 그 관계가 신뢰 위에 서 있는지 다시 물었다. 운영 성과가 좋다면 사람이 바뀌어도 같은 결과가 나올 수 있는지까지 점검했다. 하나라도 확실한 답이 나오지 않으면 그는 미련 없이 물러섰다. 아무리 수익이 확실해 보여도 예외를 두지 않았다.

록펠러에게 "지금 잘 번다"는 말은 아직 판단의 근거가 되지 못했다. 그가 정말로 알고 싶었던 건 이것이었다.

"다시 벌 수 있는가? 그리고 계속 벌 수 있는가?"

그는 성과를 우연에 맡기지 않았다. 운이 좋았던 한 번의 성공이나, 타이밍이 맞아떨어진 결과에 기대지 않았다. 대신 사람이 바뀌고 상황이 달라져도 같은 성과가 다시 나올 수 있는 구조를 만드는 데 집중했다. 그에게 성공이란 한 번 잘되는 일이 아니라, 계속 작동하는 시스템이 만들어지는 일이었다.

록펠러에게 부란 통장에 찍힌 숫자가 아니었다. 한 번의 큰 성공으로 설명되는 결과도 아니었다. 성공이 계속 일어날 수밖에 없도록 만드는 조건들의 합에 가까웠다. 그래서 그는 속도를 늦추더라도 구조를 점검했고, 눈앞의 기회를 포기하면서까지 기준을 지켰다.

그 선택은 늘 조용했다. 눈에 띄지도 않았고, 굳이 드러낼 필요도 없었다. 하지만 그 조용한 선택들이 쌓이면서, 시간이 흐를수록 경쟁자들과의 격차는 따라올 수 없는 수준으로 벌어졌다.

기준이 먼저 서야 속도가 붙는다

록펠러를 설명할 때 빠지지 않는 단어가 있다. 바로 '절제'다. 그는 욕심이 없는 사람이 아니었다. 기회가 보이면 누구보다 집요하게 계산했고, 더 얻을 수 있다면 끝까지 따져봤다. 다만 욕망이 판단을 대신하게 두지 않았을 뿐이다.

욕심이 고개를 들 때마다 그는 속도를 늦췄다. 그리고 반드시 이 질문부터 꺼냈다.

"지금, 이 선택을 하는 진짜 이유는 무엇인가?"

"당장은 좋아 보여도, 구조를 약하게 만들지는 않는가?"

"오늘의 이익이 내일의 흐름을 망치지는 않는가?"

이 질문에 분명히 답하지 못하면 그는 미련 없이 물러섰다. 기회를 놓치는 손해보다, 기준이 흐트러지는 손해가 훨씬 크다는 걸 알고 있었기 때문이다.

한 번 무너진 기준은 다음 선택에서 또 다른 타협을 부르고, 그 타협은 결국 구조 전체를 약하게 만든다. 그런 점에서 록펠러의 절제는 참아내는 태도가 아니라, 생각의 순서를 지키는 기술에 가까웠다. 기준이 먼저 서고, 그다음에 속도가 붙는다. 이 순서만 지켜지면 속도는 언제든 다시 낼 수 있다. 하지만 기준이 무너진 채 낸 속도는 반드시 더 큰 대가를 요구한다.

그가 한 박자 늦게 움직인 이유는 조심스러워서가 아니었다. 더 오래 가기 위해서였다. 단기 성과에 흔들리지 않고, 반복 가능한 흐름을 지키기 위해서였다.

록펠러가 남긴 우리에게 남긴 교훈은 다음과 같다.

"큰돈은 한 번의 선택으로 생길 수 있다. 하지만 흐름은 기준을 지킨 선택들이 차곡차곡 쌓일 때만 만들어진다."

꾸준함은 의지가 아닌 설계의 문제

사람들은 흔히 "의지만 있으면 된다"고 말한다. 마음을 다잡고, 각오를 새로 하면 계속할 수 있다고 믿는다. 하지만 록펠러는 이 믿음부터 의심했다. 의지는 기분에 따라 흔들리고, 환경이 바뀌면 쉽게 약해진다는 사실을 너무 잘 알고 있었기 때문이다. 그래서 그는 자신을 단련하는 데 에너지를 쓰지 않았다. 대신 구조를 먼저 설계했다.

의욕이 넘칠 때만 돌아가는 방식이 아니라, 컨디션이 나빠도, 마음이 흐트러져도 특별한 결심 없이 이어지는 구조. 애써 붙잡지 않아도 흘러가듯 유지되는 판을 만드는 데 집중했다.

록펠러는 스스로에게 "조금만 더 버텨라"라고 말하지 않았다. 그 대신 이 질문을 반복했다.

"이 일은 애쓰지 않아도 계속할 수 있는가?"

이 질문을 통과하지 못한 목표는 아예 선택지에서 지웠다. 잠깐은 가능해 보여도 결국 무너질 것들도 과감히 제외했다. 그에게 중요한 것은 눈에 띄는 성과가 아니라, 매일 끊이지 않고 이어지는 흐름이었다. 그러다 보니 그의 선택은 단순해 보이기도 했다. 하지만 그 단순함은 계산 끝에 남은 것이었다. 꾸준함을 미덕으로 삼아 자신을 몰아붙인 것이 아니라, 꾸준함이 자연스럽게 나올 수밖에 없는 환경을 만들었기 때문이다.

록펠러는 끈질긴 사람이기보다, 계속될 수밖에 없는 선택을 한 사람이었다. 그 결과, 그의 성과는 단발로 끝나지 않았고, 시간이 지날수록 오히려 더 강해졌다.

오래 남는 선택의 방식

록펠러의 수첩에는 사람들의 시선을 단번에 끄는 문장은 없었을 것이다. 의욕을 끌어올리는 말도, 마음을 달래는 위로의 말도 그에게는 필요하지 않았다.

그의 수첩에는 눈에 띄지 않는 질문들이 반복해서 적 적혀 있었을 가능성이 크다.

"오늘의 선택이 내일도 유지될 수 있는가?"

"이 결정은 잠깐 앞서게 하는가, 아니면 오래 남게 하는가?"

이 질문들은 자신을 채찍질하기 위한 것이 아니었다. 탐욕에 이끌려 속도를 높이려는 순간마다, 그 속도를 낮추고 판단을 다시 점검하게 하는 브레이크와 같은 것이었다. 이익이 더 커 보일 때도, 성장이 더 빨라 보일 때도 그는 늘 이 질문부터 떠올렸다.

록펠러는 부를 직접 쫓지 않았다. 대신 부가 들어와 오래 머무는 조건을 만드는 데 집중했다.

감정에 흔들리지 않는 판단의 기준, 욕심이 쉽게 끼어들지 못하는 구조, 한 번의 성공이 아니라 계속 반복되는 흐름. 그것이 그가 끝까지 붙잡은 관심사였다.

그의 선택은 늘 조용했다. 화려한 성공담도 아니었고, 사람들의 관심을 끄는 이야깃거리도 아니었다. 하지만 시간이 지나자 차이는 분명해졌다. 누구도 부정할 수 없는 격차였다.

록펠러의 부는 속도로 설명되지 않는다. 얼마나 빨랐는지가 아니라, 얼마나 오래 유지되었는지가 그가 남긴 답이기 때문이다. 결국 그가 세상에 남긴 유산은 돈의 크기가 아니라, 시간을 견뎌내는 선택의 방식이었다.

John D. Rockefeller's NOTE

NOTE 01 **부는 빨리 쌓이지 않는다.**

한 번에 크게 벌려는 마음은 오래 갈 구조를 망가뜨린다.

NOTE 02 **절제는 능력이 아니라 전략이다.**

쓰지 않기로 한 선택이, 남길 수 있는 시간을 만든다.

NOTE 03 **인내는 기다림이 아니라 관리다.**

시간을 흘려보내지 않고, 방향을 지키는 힘이다.

NOTE 04 **지속 가능한 속도를 선택하라.**

감당할 수 있는 속도만이 끝까지 간다.

NOTE 05 **오래 살아남는 것이 결국 이긴 것이다.**

부의 크기는 순간이 아니라, 유지된 기간으로 증명된다.

THE NOTE — John D. Rockefeller

"부는 얼마나 빨리 가느냐가 아니라,
얼마나 오래 같은 방향으로 가느냐의 문제다."

"미래는 예측하는 것이 아니라 설계하는 것"

— 손정의(Son Masayoshi) | 일본 소프트뱅크 그룹 회장

미래를 향해 계속 움직이는 사람

손정의에게 미래는 맞혀야 할 문제가 아니었다. 미래는 예측의 대상이 아니라, 설계의 대상이라고 생각했기 때문이다. 그래서 그는 항상 "어떻게 될까?"가 아니라, "어떻게 만들 것인가?"를 묻고 생각했다.

예측은 불안을 키운다. 통제할 수 없는 변수와 실패 가능성, 최악의 시나리오부터 떠올리게 한다. 반면 설계는 선택을 요구한다. 어디로 갈 것인지, 무엇을 버릴 것인지, 지금 어떤 비용을 감수할 것인지가 분명해진다.

손정의가 반복해서 던진 질문도 이와 같았다.

"우리는 어디로 가야 하는가?"

"그 방향을 가로막는 진짜 장애물은 무엇인가?"

"지금 바꾸지 않으면 안 되는 것은 무엇인가?"

이 질문에는 회피가 없다. 불확실함을 이유로 멈출 여지도 없다. 대신 책임이 생긴다. 방향을 정한 사람만이 져야 할 책임이다.

손정의는 미래가 불확실하다는 사실을 부정하지 않았다. 오히려 그 불확실함을 전제로 삼았다. 예측은 틀릴 수 있어도, 방향은 스스로 책임질 수 있다고 봤기 때문이다. 그는 미래를 '맞히는 능력'보다, 미래를 향해 계속 선택할 수 있는 기준을 더 중요하게 여겼다. 그의 결정이 때로 과감하고 무모해 보였던 이유도 바로 여기에 있다.

"지금, 이 선택이 내가 그리고 있는 미래와 연결되어 있는가?"

그 질문에 '예'라고 답할 수 있다면, 그는 망설이지 않았다.

손정의에게 중요한 것은 미래를 맞히는 사람이 되는 것이 아니었다. 어떤 미래를 향해 계속 움직이는 사람으로 남는 것, 그것이 그의 선택 기준이었다.

300년은 미래의 약속이 아니라, 오늘의 선택을 붙잡는 기준

손정의가 자주 말한 '300년'은 숫자의 문제가 아니다. 회사를 300년 동안 유지하겠다는 구체적인 계획표를 뜻하지도 않는다. 그 말은 판단의 기준을 어디에 둘 것인가에 대한 선언에 가깝다.

시간을 짧게 잡으면 판단은 곧바로 손익으로 기운다. 이번 분기 실적, 당장의 반응, 지금 받을 평가가 모든 선택의 기준이 된다. 이 구

조에서는 빠른 결정이 필수다. 하지만 그만큼 선택은 점점 얕아진다. 지금 이득인가, 지금 욕을 먹지 않는가만 남기 때문이다.

손정의는 이 프레임을 아예 바꿨다. 시간을 길게 잡자, 질문이 달라졌다.

"이 선택은 오래 남는가?"

"시간이 지나도 설명할 수 있는가?"

"지금은 손해처럼 보여도, 방향을 지키는 결정인가?"

이 질문 앞에서는 일시적인 성공과 실패가 중심에서 밀려난다. 잘되었다는 이유만으로 서두르지 않고, 안 되었다는 이유만으로 방향을 바꾸지도 않는다. 결과보다 일관성이 중요하다. 이에 당장 유리해 보이는 기회라도 구조를 흔들면 미뤘고, 지금은 불리해 보여도 긴 흐름 위에서 의미가 있으면 택했다. 속도는 들쭉날쭉했지만, 방향만큼은 놀랄 만큼 같았다.

'300년'을 말한다는 것은 미래를 멀리 내다보겠다는 허세가 아니다. 지금의 선택을 단기 감정과 평가에서 떼어내겠다는 결심이다. 시간의 폭을 넓히면 흔들릴 이유가 줄어든다. 칭찬에도 들뜨지 않고, 비판에도 급히 꺾이지 않는다.

손정의가 진짜로 노린 것은 오래가는 회사가 아니라, 오래 흔들리지 않는 판단이었다. 그런 점에서 그에게 300년은 미래의 약속이 아니라, 오늘의 선택을 단단하게 붙잡는 기준이었다.

방향이 흔들리지 않는 설계

손정의의 수첩에는 복잡한 수식보다 선과 화살표가 더 많았다. 숫자를 맞추기 전에, 먼저 방향을 맞추는 사람이었기 때문이다.

그는 세부 계획이 전략의 출발점이라고 믿지 않았다. 그것은 언제든 고칠 수 있지만, 방향은 자주 흔들리는 순간 힘을 잃는다고 생각했다. 그래서 그의 질문은 항상 큰 틀에서 시작되었다.

"이 사업은 어디를 향하고 있는가?"

"자본은 그 방향을 제대로 밀고 있는가?"

"기술과 조직은 같은 목표를 보고 있는가?"

이 셋이 어긋나는 순간, 실행은 빨라지지 않는다. 오히려 마찰이 늘어난다. 각자 열심히 움직이지만 힘은 흩어지고, 결과는 흐려진다. 손정의가 가장 경계한 것은 실패 그 자체보다 방향 불일치로 생기는 소모였다. 그래서 그는 질문의 순서를 바꿨다.

"계획이 충분히 구체적인가?"보다 "이 선택이 우리가 가려는 방향과 맞는가?"를 먼저 확인했다. 방향이 맞으면 세부 계획은 나중에 채울 수 있지만, 방향이 틀리면 아무리 정교한 계획도 의미가 없다고 봤기 때문이다.

그가 말한 "미래를 설계한다"는 표현도 같은 맥락이다. 처음부터 완벽한 그림을 그리겠다는 뜻이 아니다. 불확실함과 수정 가능성을 감수하더라도, 끝까지 같은 방향을 유지하겠다는 선택에 가깝다. 방향이 흔들리지 않으면 방법은 뒤따라온다. 조직은 스스로 정렬되고, 자원은 같은 쪽으로 쌓인다.

손정의가 붙잡았던 것은 미래를 맞히는 능력이 아니라, 미래를 향해 계속 같은 방향으로 걷는 힘이었다.

틀리지 않는 선택보다, 다시 선택할 수 있는 조건

손정의는 불확실성을 없애야 할 장애물로 보지 않았다. 오히려 불확실성을 전제로 하지 않는 판단이 더 위험하다고 생각했다. 세상이 예측대로 흘러간다는 가정 자체가 가장 큰 착각이라는 걸 알고 있었기 때문이다.

그의 관심은 "틀리지 않는 선택"이 아니었다. 틀렸을 때도 다시 움직일 수 있는 구조에 있었다. 그래서 그의 결정에는 늘 여지가 남아 있었다. 한 번의 선택에 모든 가능성을 걸지 않았고, 성공과 실패를 칼로 자르듯 나누지도 않았다. 상황이 드러날수록 다음 수를 둘 수 있도록, 물러날 공간과 다시 나아갈 통로를 함께 남겨두었다.

그에게 더 중요한 질문은 이것이었다.

"결과 이후에도 선택권이 남아 있는가?"

불확실성을 외면하면 사람은 조급해진다. 확실한 답을 빨리 만들고 싶어 하고, 그 과정에서 판단은 경직된다. 반대로 불확실성을 인정하면 사고의 폭이 넓어진다. 아직 모르는 것이 있다는 전제 위에서는 성급한 결론을 내리지 않게 되고, 판단은 더 유연해진다.

이렇듯 손정의에게 두려움은 없애야 할 감정이 아니라 관리해야 할 변수였다. 그래서 그는 불안을 덮지 않고 구조로 다뤘다. 불안해도 멈추지 않게, 한 번 흔들려도 다시 방향을 잡게, 판단의 틀 자체를 그렇게 설계했다. 예측이 빗나가도 치명상이 되지 않도록, 실패가 끝이 아니라 다음 선택의 재료가 되도록 말이다.

손정의가 만든 것은 확실한 미래가 아니었다. 불확실한 미래 속에서도 계속 선택할 수 있는 조건, 그리고 다시 일어설 수 있는 구조였다.

미래는 반복으로 만들어진다

손정의에게 미래를 설계한다는 말은 거창한 결심을 뜻하지 않았다. 그의 방식은 오히려 반복에 가까웠다. 같은 기준으로 선택하고, 같은 방향으로 고치며, 같은 질문으로 점검하는 일을 매일 이어가는 것. 그 꾸준한 반복이 시간이 지나며 차이를 만들었다.

그에게 설계란 거대한 계획표를 완성하는 일이 아니었다. 매번의 선택 속에서 조용히 작동하는 판단의 기준이었다.

기준이 분명하면 선택은 복잡해지지 않는다. 속도는 느려 보일 수 있어도, 방향은 쉽게 흔들리지 않는다. 손정의는 이 느림을 불안으로 받아들이지 않았다. 오히려 같은 기준을 지키고 있다는 신호로 읽었다.

큰 전환은 어느 날 갑자기 오지 않는다. 반복된 선택이 쌓이며 어느 순간 방향이 분명해질 뿐이다. 그래서 손정의에게 미래는 기다리는 대상이 아니었다. 매일의 선택 속에서, 조용하지만 분명하게 만들어지는 결과였다.

Son Masayoshi's NOTE

NOTE 01 시간의 단위를 바꾸는 사람

그는 1년이 아니라 100년, 300년을 기준으로 판단한다.

NOTE 02 미래는 맞히는 대상이 아니다.

미래는 예측의 문제가 아니라 설계의 문제다.

NOTE 03 지금의 손익보다 방향이 먼저다.

단기 손해보다 장기 방향이 맞는지를 먼저 본다.

NOTE 04 기술은 수단이고, 비전은 기준이다.

기술은 바뀌어도 비전이 흔들리면 설계는 무너진다.

NOTE 05 크게 생각하지 않으면 크게 실패할 기회도 없다.

큰 실패를 감수할 수 있을 때만 큰 미래에 닿을 수 있다.

THE NOTE — Son Masayoshi

"미래는 맞히는 것이 아니라 오늘의 기준으로 설계하는 것이다."

"이 선택은 사회에 도움이 되는가?"

— 마쓰시타 고노스케(Matsushita Konosuke) | 일본 파나소닉 창업주

이익보다 먼저 묻는 질문

마쓰시타 고노스케는 기업을 경영하는 내내 판단의 출발점을 바꾸지 않았다. 그가 가장 먼저 던진 질문은 늘 같았다.

"이 선택은 사회에 도움이 되는가?"

이 문장은 듣기 좋은 경영 철학이 아니었다. 나중에 붙인 그럴듯한 명분도 아니었다. 무엇을 만들지, 어디에 투자할지, 사람을 어떻게 대할지를 결정하는 모든 순간에 실제로 작동한 기준이었다.

마쓰시타는 이익의 중요성을 부정하지 않았다. 기업이 살아남으려면 수익이 필요하다는 것도 분명히 알고 있었다. 다만 순서는 분명했다. 이익이 먼저가 아니라, 방향이 먼저였다.

그는 사회에 도움이 되는 방향이라면 이익은 결국 따라온다고 믿었

다. 반대로 돈이 된다는 이유만으로 신뢰를 해치는 선택은 오래갈 수 없다고 보았다. 그래서 당장은 수익이 커 보이는 길이라도 사회와 어긋난다면 즉시 멈췄다. 눈앞의 성과보다 시간이 지나도 남을 가치를 택했다. 기업의 급속한 성장은 눈길을 끈다. 하지만 기준을 잃은 성장은 결국 스스로를 무너뜨린다. 이 사실을 그는 현장에서 수없이 확인했다.

마쓰시타에게 경영은 돈을 버는 기술이 아니었다. 조직이 어디로 가고 있는지를 계속 확인하는 일이었다.

방향이 분명하면 사람은 쉽게 떠나지 않는다. 사람이 남아 있으면 조직은 흔들리지 않는다. 조직이 흔들리지 않을 때 이익은 결과로 따라온다. 그래서 그는 숫자를 보기 전에 기준을 점검했고, 속도를 내기 전에 방향부터 확인했다.

마쓰시타가 남긴 가장 중요한 유산은 눈에 보이는 성과가 아니다. 선택의 우선순위였다. 무엇을 벌 것인가보다, 어떤 방향으로 벌 것인가를 먼저 묻는 태도. 그 태도가 한 기업을 오래 살아남게 했고, 한 기업인을 끝까지 신뢰받게 만들었다.

돈은 남고, 사람은 닳는 구조를 경계하다

마쓰시타는 돈은 남는데, 사람은 닳아버리는 구조를 가장 경계했다. 장부에는 이익이 찍히지만, 현장에서는 사람이 지쳐 떠나는 상황. 그는 그런 성과는 오래가지 못한다고 보았다.

숫자는 남을 수 있다. 하지만 신뢰와 경험이 빠져나간 조직은 결국 다시 처음으로 돌아간다.

마쓰시타의 판단은 단순했다. 그래서 그의 경영 중심에는 언제나 사람이 있었다. 고객도 사람이고, 직원도 사람이며, 협력사 역시 사람이다. 그는 시스템과 숫자를 부정하지 않았다. 다만 분명한 선을 그었다. 숫자가 사람을 지탱하는 것이 아니라, 사람이 숫자를 지탱한다는 전제였다.

마쓰시타는 이렇게 물었다.

"이 구조에서 사람이 남는가?"

이 질문을 통과하지 못하면 아무리 효율적으로 보이는 전략이라도 다시 살펴보았다. 단기간 성과는 낼 수 있다. 하지만 그 과정에서 사람이 소모되면 다음 단계로 갈 수 없다고 보았기 때문이다.

그가 중요하게 생각한 기준은 다음 네 가지였다.

"교육, 신뢰, 자율성, 책임."

교육이 없으면 판단은 얕아지고, 신뢰가 없으면 관계는 계산으로 변한다. 또한 자율성이 없으면 사람은 지시만 기다리게 되고, 책임이 없으면 선택은 가벼워진다. 이 중 하나라도 빠지면 조직은 겉으로는 돌아가도 속부터 흔들린다고 그는 보았다. 그래서 그는 성과를 서두르지 않았다. 사람이 스스로 판단하고 성장할 시간을 남겨 두었다. 당장은 느려 보일 수 있었다. 하지만 기준이 쌓이기를 기다렸다. 속도는 늦을 수 있었지만, 방향은 흔들리지 않았다.

이익보다 역할을 먼저 묻다

마쓰시타는 중요한 결정을 앞두면 항상 두 가지 질문을 함께 놓고 생각했다.

"이 선택이 지금의 나에게 이익이 되는가?"

"이 선택이 사회에 도움이 되는가?"

이 두 질문은 자주 부딪힌다. 당장은 돈이 되는 선택이 오히려 고객에게 부담을 주기도 하고, 옳아 보이는 결정이 지금은 손해처럼 느껴질 때도 있기 때문이다.

그럴 때 그는 망설이지 않았다. 늘 두 번째 질문을 기준으로 삼았다. 도덕적이어서가 아니었다. 그는 현실을 누구보다 잘 알고 있었다. 사회에 기여하지 않는 이익은 결국 다른 형태의 비용으로 돌아온다는 사실을 현장에서 수없이 보아왔기 때문이다.

신뢰를 깎아서 얻은 수익은 오래가지 않는다. 고객의 불만과 직원의 이탈, 사회의 반발은 시간 차를 두고 반드시 되돌아온다. 그는 이를 '나중에 치르게 될 빚'이라고 불렀다. 그래서 그는 이익을 판단의 출발점에 두지 않았다. 대신 역할부터 정했다.

"이 기업은 사회에서 어떤 역할을 해야 하는가?"

"사람들의 삶에서 무엇을 책임질 것인가?"

역할이 분명해지면 그 역할을 오래 이어가기 위한 수익 구조를 만들었다. 돈을 벌기 위해 존재하는 기업이 아니라, 필요한 역할을 제대로 하다 보니 자연스럽게 돈이 따라오는 구조를 그는 원했다.

마쓰시타에게 이익은 목표가 아니었다. 방향이 맞는지를 확인하는 결과였고, 그 역할을 계속하기 위한 최소 조건이었다. 그래서 그의 선택은 이상적으로 보였고, 당장의 숫자만 보면 손해처럼 보이기도 했다. 하지만 시간이 지나면 그 선택은 충분히 설명이 되었고, 사회 안에서 신뢰를 잃지 않았다.

그가 남긴 기준은 지금도 유효하다. 얼마를 벌 것인가를 묻기 전에, 우리는 어떤 역할을 맡고 있는가를 먼저 물어야 한다. 그 질문을 통과한 이익만이 시간 앞에서 무너지지 않는다.

조직을 지탱한 단 하나의 기준

마쓰시타의 조직이 위기 앞에서도 쉽게 무너지지 않았던 이유는 정교한 전략이나 빠른 전술 때문이 아니었다. 조직 전체가 공유한 단 하나의 기준이 있었기 때문이다. 그 기준은 아주 단순했다.

"이 선택은 사회에 도움이 되는가?"

이 문장은 구호가 아니었다.

벽에 걸어두는 말도, 위기 때만 꺼내는 명분도 아니었다. 모든 판단의 출발점이었고, 각자의 자리에서 스스로 결정할 수 있게 해주는 공통의 기준이었다. 그 결과 위기가 와도 모든 결정을 위에서 통제할 필요가 없었다. 부서마다 상황은 달랐고 방법도 제각각이었지만, 방향만큼은 흔들리지 않았다. 무엇을 버리고 무엇을 지켜야 하는지에 대한 기준이 같았기 때문이다.

기준이 분명한 조직은 눈치를 덜 본다. 단기 성과에 쉽게 흔들리지 않고, 유행에도 과민하게 반응하지 않는다. 비록 속도는 느려 보일 수 있지만 방향을 잃지 않기 때문에 결국 더 오래 간다. 지시가 없어도 움직이고, 강한 통제가 없어도 멈추지 않는다.

마쓰시타의 조직을 움직인 것은 명령이 아니라 기준이었다. 그리고 그 조직을 지탱한 힘은 전략의 영리함이 아니라 방향의 일관성이었다.

경영은 질문의 문제다

마쓰시타의 경영 철학은 겉으로 보면 놀라울 만큼 단순하다. 복잡한 이론도 없고, 사람을 들뜨게 하는 구호도 없다. 끝까지 흔들리지 않는 태도가 있을 뿐이다.

마쓰시타는 경영을 기술의 문제로 보지 않았다. 얼마나 영리하게 계산하느냐보다, 어떤 질문을 매일 붙잡고 있느냐가 조직의 운명을 가른다고 믿었다. 그래서 그의 생각은 늘 같은 질문으로 돌아왔다.

"우리는 어떤 질문을 매일 반복하고 있는가?"

"어디까지 책임질 사오가 되어 있는가?"

"그리고 결국 무엇을 남기고 떠날 것인가?"

그는 이 질문을 성과가 좋을 때도, 위기일 때도 내려놓지 않았다. 그 덕분에 판단의 방향이 흐려지지 않았다.

마쓰시타는 결과보다 방향을 먼저 생각했다. 얼마나 벌 수 있는가보다, 지금 이 선택이 의미 있는가를 먼저 따졌다. 이 선택이 반복되면서 기업은 단순히 커지는 조직이 아니라, 사회 안에서 자기 역할이 분명한 존재가 되었다. 사람을 소모하는 곳이 아니라, 사람과 함께 시간을 견디는 공동체가 된 것이다.

그가 남긴 가장 큰 유산은 큰 기업도, 화려한 실적도 아니다. 어려운 순간에 다시 돌아갈 수 있는 질문 하나, 그리고 그 질문을 조직 전체가 함께 붙잡게 만든 태도다. 그래서 그는 단지 성공한 기업가가 아니라, 시간이 지나도 신뢰가 남는 경영자로 기억된다.

Matsushita Konosuke's NOTE

NOTE 01   이익보다 먼저 물어야 할 질문

이 선택이 사회에 도움이 되는지 먼저 판단하라.

NOTE 02   기업은 공공재라는 인식

회사는 이윤을 위한 도구이기 전에 사회의 일부다.

NOTE 03   사람을 키우는 것이 가장 오래 남는다.

제품보다 사람을 남기는 선택이 결국 회사를 키운다.

NOTE 04   올바름이 성과를 만든다.

윤리를 포기한 성장은 오래가지 못한다.

NOTE 05   경영은 태도의 누적이다.

하루의 판단이 쌓여 기업의 철학이 된다.

THE NOTE — Matsushita Konosuke

"오래 가는 선택은 언제나 나를 넘어 사회를 향해 있다."

"사무실이 아니라 현장에 해답이 있다"

— 샘 월턴(Sam Walton) | 월마트 창업주

경영의 해답은 현장에 있다

샘 월턴을 떠올리면 계산에 밝은 경영자, 효율을 중시한 유통 혁신가라는 이미지가 먼저 떠오른다. 하지만 그의 판단은 언제나 숫자보다 앞서 있었다. 답은 회의실이 아니라 현장에 있다고 믿었기 때문이다.

월턴은 세상을 숫자로만 이해하려 하지 않았다. 숫자는 결과를 정리해 줄 뿐, 왜 그런 결과가 나왔는지는 말해주지 못한다고 보았다. 그는 보고서를 보기 전에 매장을 자주 찾았다. 결론을 듣기보다, 그 결론이 만들어진 자리를 먼저 보고 싶어 했다. 그에게 현장은 점검 장소가 아니었다. 판단이 시작되는 출발점이었다.

중요한 결정을 앞두고 그는 늘 같은 질문으로 돌아왔다.

"이 판단은, 내가 직접 본 것인가?"

숫자는 가공되는 순간 의미가 달라질 수 있다. 보고서에는 정리된 결과만 남고, 과정은 지워진다. 하지만 현장에서 본 장면은 다르다. 고객이 어느 진열대 앞에서 멈추는지, 어떤 가격표에서 시선이 길어지는지, 직원이 언제부터 발걸음을 늦추는지는 그 자리에 서 있어야만 보인다. 이런 이유로 월턴의 결정은 늘 한 박자 느렸다. 한 장의 보고서로 결론을 내리지 않았고, 한 번의 설명으로 방향을 바꾸지도 않았다. 한 번 더 보고, 한 번 더 걷고, 한 번 더 확인했다. 그 느림은 우유부단이 아니었다. 판단을 가볍게 쓰지 않겠다는 태도였다. 그렇게 만들어진 결정은 쉽게 흔들리지 않았고, 시간이 지나도 다시 설명할 수 있었다.

샘 월턴에게 현장이란 문제를 찾는 곳이 아니라, 판단의 기준을 다시 세우는 자리였다. 그래서 그의 선택은 늘 조용했지만, 결과는 오래 남았다.

보고서에 나오지 않는 변화들

월턴이 가장 싫어한 것은 문제가 숫자로 드러난 뒤에야 움직이는 방식이었다. 이미 매출 그래프가 꺾이고, 보고서에 경고 표시가 뜬 뒤라면 그에게는 이미 늦은 대응이었다.

그가 진짜로 보고 싶어 한 것은 그 이전이었다. 아직 숫자로는 보이지 않지만, 현장에서는 분명히 느껴지는 작은 변화들이 바로 그것이었다.

매출이 떨어지기 전의 매장 분위기, 계산대 앞에서 말수가 줄어든 직원의 표정, 가격표 앞에서 잠시 멈추는 손님의 손끝… 이 장면들은 보고서에 나오지 않는다. 하지만 현장에 오래 서 있으면 반드시 눈에 들어온다.

월턴은 이런 신호를 곧바로 '문제'로 단정하지 않았다. 아직은 문제가 아니지만, 그대로 두면 문제가 될 수 있는 초기 신호로 받아들였다. 그는 성급하게 결론을 내리지도 않았고, 그렇다고 아무 일도 아닌 듯 지나치지도 않았다. 조용히, 그러나 집요하게 관찰을 이어갔다.

그가 택한 방식은 언제나 소규모였다. 큰 개편보다 작은 조정이 먼저였다. 진열 위치를 조금 바꾸고, 가격표를 다시 달고, 직원의 동선을 살짝 고치는 정도였다. 이 눈에 띄지 않는 것들이 쌓이자 큰 문제는 애초에 생기지 않거나, 생기더라도 아주 작게 지나갔다.

월턴에게 현장은 문제를 해결하는 공간이 아니었다. 문제가 자라지 못하게 막는 공간이었다. 그는 알고 있었다. 리더의 역할은 불이 난 뒤에 뛰어드는 사람이 아니라, 연기가 나기 전에 이미 냄새를 맡는 사람이라는 것을.

책상보다 현실을 택하다

월턴은 월마트를 세계 최대 유통 기업으로 만든 뒤에도 자신을 '가장 잘 모르는 사람'이라고 여겼다. 모른다는 사실이 판단을 얼마나 쉽게 흐리게 만드는지, 그 위험을 누구보다 잘 알고 있었기 때문이다. 그래서 그는 위로 올라가는 대신 아래로 내려갔다. 지위가 높아질수록 회의실보다 매장을 더 자주 찾았고, 보고서보다 현장의 소리를 먼저 들으려 했다. 책상에 오래 앉아 있을수록 생각이 현실과 어긋날 수 있다는 점을 늘 경계했다.

월턴에게 '모른다'는 말은 약점이 아니었다. 판단을 서두르지 않겠다는 선언이었고, 배움을 멈추지 않겠다는 태도였다. 그는 모른다고 인정해야 질문이 생기고, 질문이 있어야 관찰이 시작된다고 믿었다.

그의 현장 방문은 보여주기식 행보가 아니었다. 사진을 남기기 위한 일정도, 메시지를 전달하기 위한 이벤트도 아니었다. 그는 조용히 매장을 걸었고, 눈에 띄지 않는 자리에 머물렀다. 굳이 말하지 않아도 현장은 충분히 많은 신호를 보내기 때문이다.

현장은 그에게 성급한 확신을 멈추게 하는 자리였다. 성공한 리더일수록 자기 생각이 맞다는 확신에 갇히기 쉽다는 사실을 그는 잘 알고 있었다. 그래서 일부러 자신을 흔들 수 있는 곳, 바로 그 불편한 현실 한가운데에 머물렀다.

월턴에게 배움이란 더 많이 아는 것이 아니었다. 이미 안다고 믿었던 생각을 다시 점검하는 일이었다. 그 의심은 언제나 현장에서 시작되었다.

그의 결정은 권위에서 나오지 않았다. 직급이 판단을 대신해 주지도 않았다. 직접 보고, 직접 느끼고, 쉽게 결론 내리지 않는 태도에서 비롯되었다. 아직 모른다는 상태를 서둘러 해소하지 않고, 시간을 들여 생각하는 것. 그것이 월턴이 끝까지 지킨 리더십이었다.

전략은 책상이 아니라 현장에서 완성된다

월턴은 말만 그럴듯한 전략을 믿지 않았다. 회의실에서는 완벽해 보이던 계획도 매장에서 한 번이라도 사람을 멈칫하게 만든다면 그 순간 이미 실패라고 생각했다. 그 때문에 제도를 만들면 반드시 현장으로 내려가 직접 확인했다. 종이에 적힌 '효율'과 사람이 몸으로 느끼는 '부담'은 전혀 다르다는 사실을 잘 알고 있었기 때문이다.

그가 전략을 점검할 때 던진 질문은 늘 같았다.

"이 방식이 실제로 사람을 덜 힘들게 하는가?"

"현장에서 설명 없이도 이해되는가?"

"고객의 선택지는 정말로 넓어졌는가?"

월턴이 말한 좋은 시스템은 관리자가 통제하기 쉬운 구조가 아니었다. 억지로 버티지 않아도 돌아가고, 설명하지 않아도 자연스럽게 유지되는 방식이었다. 사람을 지치게 만드는 시스템은 언젠가 반드시 무너진다고 그는 믿었다. 그래서 그는 '효율'이라는 말을 함부로 쓰지 않았다. 효율은 숫자표에 적히는 개념이 아니라, 사람이 하루를 어떻게 보내고 있는지에서 드러난다고 생각했기 때문이다.

월턴이 우리에게 남긴 메시지는 분명하다. 리더는 책상 위에서 말로 설득하는 사람이 아니다. 현장에서 몸으로 확인하며 조용히 방향을 바로잡는 사람이야말로 진정한 리더다. 이런 기준이 쌓일 때, 조직은 숫자보다 먼저 단단해진다.

멀리서 설계하지 말고, 가까이서 확인하라

월턴이 남긴 가장 큰 유산은 저렴한 가격도, 빠른 확장도 아니다. 현장을 판단의 중심에 두는 사고방식이다.

조직은 커질수록 현장과 멀어진다. 판단은 위로 올라가고, 정보는 정리된 보고서로만 전달된다. 그 과정에서 현실은 깔끔한 표현 속에 가려진다. 월턴은 이 순간을 가장 경계했다. 현장을 떠나는 순간, 판단은 경험이 아니라 추측이 된다는 사실을 알고 있었기 때문이다. 그래서 그는 끝까지 같은 질문을 붙잡았다.

"이건 실제로 어떻게 돌아가고 있는가?"

"사람들은 지금 어디에서 멈추고 있는가?"

월턴에게 숫자는 참고 자료일 뿐이었다. 기준은 언제나 눈앞의 현실에 있었다. 그의 설성은 화려하기 않았지만, 현실과 어긋나는 일도 거의 없었다.

샘 월턴이 남긴 원칙은 분명하다.

"멀리서 설계하기보다, 가까이서 확인하라."

조직이 커질수록 더 필요한 것은 새로운 전략이 아니라, 지금도 현장을 보고 있는가? 라는 질문이다. 월턴은 그 질문을 끝까지 놓지 않은 사람이었다.

Sam Walton's NOTE

NOTE 01   답은 늘 현장에 있다.

숫자보다 먼저 봐야 할 것은 사람의 움직임이다.

NOTE 02   사무실은 결과를 보여줄 뿐이다.

문제의 원인은 언제나 현장에 있다.

NOTE 03   고객은 보고서 안에 없다.

고객은 매장과 일상 속에 있다.

NOTE 04   빠른 판단은 가까이에서 나온다.

멀리서 보면 놓치고, 가까이서 보면 보인다.

NOTE 05   경영자는 가장 많이 움직여야 한다.

현장을 가장 잘 아는 사람이 가장 좋은 결정을 한다.

THE NOTE — Sam Walton

"답은 늘 현장에 있다. 보이지 않는다면,
아직 충분히 가까이 가지 않은 것이다."

PART

05

오래 가는 삶을 만드는 문장들

"보는 대로 된다"

— 나폴레옹 힐(Napoleon Hill) | 세계적인 성공학 연구자

같은 현실, 다른 삶

사람들은 대부분 현실을 있는 그대로 보고 있다고 믿는다. 눈앞의 조건과 결과를 사실로 받아들이고, 그 위에서 판단하고 선택한다고 생각한다. 하지만 나폴레옹 힐은 이 믿음 자체가 착각에 가깝다고 보았다. 그가 보기에 현실은 객관적인 사실의 묶음이 아니다. 사람이 어떻게 해석하느냐에 따라 달라지는 결과에 가깝다. 같은 일을 겪고도 전혀 다른 삶으로 흘러가는 이유가 여기에 있다.

누군가는 실패 앞에서 다음에 무엇을 바꿔야 할지를 찾는다. 아직 시도하지 않은 가능성을 남겨 둔다. 반면, 같은 실패를 자신의 한계를 증명하는 근거로 받아들이는 사람도 있다. 상황은 같다. 해석만 다를 뿐이다.

어떤 사람은 실패를 "나는 안 되는 사람이다"라는 결론으로 끝낸다. 그 순간, 움직임은 멈춘다. 그런가 하면 다른 사람은 실패를 "이 방법은 통하지 않았다"는 정보로 남긴다. 그 정보는 다음 선택의 재료가 된다.

힐이 말한 핵심은 단순하다. 사람은 현실 그 자체에 반응하는 존재가 아니라, 자신이 해석한 현실에 따라 움직이는 존재라는 것이다. 그는 이를 이렇게 정리했다.

"사람은 보는 방식대로 행동하고, 그 행동이 쌓여 삶이 된다."

현실을 위협으로 해석하면 선택은 점점 조심스러워지고, 결정은 방어적인 방향으로 굳어진다.

반대로 현실을 가능성으로 해석하면 선택은 실험에 가까워진다. 시도하고, 수정하고, 다시 나아간다. 이 차이는 처음에는 거의 보이지 않는다. 하지만 시간이 쌓일수록 간격은 분명해지고, 결국 전혀 다른 삶으로 이어진다.

힐이 말한 '마음의 태도'는 무조건 긍정하라는 조언이 아니다. 현실을 어떻게 받아들일지, 그 기준을 스스로 정하라는 요청에 가깝다. 상황은 당장 바꾸기 어려울 수 있다. 하지만 해석은 선택할 수 있다. 그리고 그 선택이 반복될 때, 우리는 같은 현실 속에서도 전혀 다른 세계를 살게 된다.

생각을 설계한다는 것

"생각이 중요하다."

이 말은 너무 자주 쓰여 이제는 진부하게 들린다. 하지만 나폴레옹 힐이 말한 생각은 감정을 다스리거나 기분을 조절하는 차원의 이야기가 아니었다. 그에게 생각이란 마음을 달래는 기술이 아니라, 삶의 방향을 정하는 설계에 가까웠다.

힐이 붙잡았던 질문은 늘 같았다.

"어디로 움직일 것인가?"

"무엇을 선택할 것인가?"

"무엇을 과감히 내려놓을 것인가?"

그는 사람이 무엇을 느끼느냐보다, 무엇을 사실로 받아들이고 그에 따라 어느 쪽으로 움직이느냐가 삶을 더 크게 바꾼다고 생각했다. "이건 불가능하다"고 믿는 순간, 생각은 멈춘다. 행동도 멈춘다. 시도하지 않으니, 실패도 없다. 대신 변화 역시 일어나지 않는다. 반대로 가능성을 전제로 삼는 사람은 결과를 장담하지는 못해도 방법을 찾는다. 한 번 더 고민하고, 한 번 더 시도하며, 다른 선택지가 있는지 끝까지 살핀다.

이 차이는 처음에는 거의 드러나지 않는다. 비슷한 하루를 살고, 비슷한 어려움을 겪는 것처럼 보인다. 하지만 시간이 지나면 분명해진다. 한쪽은 "여기까지가 한계"라고 말하며 멈추고, 다른 한쪽은 "아직 길은 남아 있다"며 방향을 유지한다.

힐이 말한 '생각의 힘'은 기적을 부르는 주문이 아니다. 근거 없는 낙관으로 현실을 외면하라는 뜻도 아니다. 그것은 행동이 출발할 수 있는 통로를 열어두는 기준에 가깝다.

생각이 바뀐다는 것은 기분이 좋아지는 일이 아니다. 내가 선택할 수 있는 범위가 넓어지는 일이다. 그리고 선택의 폭을 넓힌 사람만이, 시간이 지난 뒤 전혀 다른 결과에 도달한다.

힐은 생각을 관리하라고 말하지 않았다. 생각을 설계하라고 말했다. 어떤 방향을 삶의 기준으로 삼을지, 그 기준을 스스로 정하라는 뜻이다.

보이지 않는 구간에서 인생은 결정된다

힐은 성공이 어느 날 갑자기 찾아온다고 믿지 않았다. 성공은 늘 같은 순서를 따른다고 보았다. 생각이 자리를 잡고, 그 생각이 선택이 되고, 선택이 반복되며 행동이 되고, 시간이 지나서야 결과가 드러난다. 문제는 그 사이에 놓인 시간이다.

성과가 나타나기 전까지의 구간, 겉으로 보기에는 아무 일도 일어나지 않는 것처럼 보이는 시간이다. 노력은 계속되는데 증거는 없다. 방향이 맞는지 확인할 기준도 불분명하다. 그래서 대부분의 사람은 이 지점에서 크게 흔들린다. 그리고 많은 경우, 그 흔들림은 멈춤으로 이어진다.

힐은 바로 이 구간을 가장 중요하게 보았다. 겉으로는 정체된 것처럼 보이는 동안에도 사람은 이미 자신의 인생을 선택하고 있기 때문이다.

이때의 선택은 아주 작다. 하루를 어떻게 넘기는지, 의심이 들 때 어떤 기준으로 판단하는지, 포기할 수 있는 이유가 생겼을 때 한 발 더 가는지. 이 미세한 선택이 반복되면 습관이 되고, 습관은 어느새 기준이 된다. 그 기준이 쌓이고 겹쳐 마침내 '결과'라는 모습으로 드러난다.

힐이 말한 성공의 비밀은 결코 거창하지 않다. 보상이 보이지 않는 시간에도 처음 세운 생각을 지킬 수 있는가. 흔들리는 순간에도 같은 기준으로 다시 선택할 수 있는가. 그 단순한 반복이 결국 사람을 끝까지 데려간다고 그는 보았다.

눈에 보이는 성과는 언제나 마지막에 나타난다. 하지만 삶의 방향은 그보다 훨씬 이전에 이미 정해진다. 인생은 늘, 보이지 않는 구간에서 먼저 만들어진다.

보는 기준이 삶을 만든다

"보는 대로 된다"는 말은 흔히 흘려듣기 쉽다. 마음가짐을 좋게 하라는 조언쯤으로 받아들인다. 하지만 이 문장을 조금만 깊이 들여다보면, 태도의 문제가 아니라 판단이 형성되는 과정에 대한 말임을 알게 된다. 즉, 지금 내가 세상을 어떤 기준으로 해석하고 있는지, 그리고 그 해석이 나의 선택을 어디로 이끌고 있는지를 묻는 말이다.

실패를 증거로 삼으면 걸음이 멈춘다. 가능성을 증거로 삼으면 방향을 유지하게 된다. 힐은 환경을 바꾸는 데 집착하지 않았다. 대신 끊임없이 스스로에게 물었다.

"지금 나는 무엇을 보고 있는가?"

"이 해석은 나를 앞으로 움직이게 하는가, 아니면 멈추게 하는가?"

사람은 자신이 선택한 해석에 맞는 행동을 반복한다. 그 반복은 습관이 되고, 습관은 어느새 삶의 기준으로 굳어진다. 그리고 어느 순간, 우리는 그 기준이 만들어낸 결과 앞에 서게 된다.

오늘의 현실은 어제의 해석이 쌓인 결과다. 그리고 내일의 현실은, 오늘 내가 이 상황을 어떤 기준으로 해석하느냐에서 시작된다. 힐이 끝까지 붙잡은 진실은 이것이었다.

인생은 해석의 누적

인생을 바꾸는 것은 사건이 아니라, 사건을 해석하는 기준이다. 현실은 누구에게나 비슷한 조건으로 주어지지만, 사람마다 전혀 다른 삶으로 이어지는 이유는 그 현실을 어떻게 받아들이고 어떤 이미지를 남기느냐에 달려 있다. 실패를 멈춤의 증거로 삼는 순간 길은 닫히고, 실패를 조정의 자료로 남기는 순간 길은 다시 열린다.

힐에게 생각이란 감정을 다스리는 일이 아니라, 선택이 출발할 수 있도록 문을 열어두는 설계였다. 오늘의 해석이 내일의 선택을 만들고, 그 선택이 반복되어 삶의 방향이 된다. 그래서 그는 현실을 바꾸기 전에 이렇게 물었다.

"지금 나는 이 상황을 나를 멈추게 하는 근거로 쓰고 있는가, 아니면 앞으로 나아가기 위한 기준으로 쓰고 있는가?"

인생은 주어진 사건으로 완성되지 않는다. 반복된 해석이 쌓여, 결국 하나의 삶이 된다.

Napoleon Hill's NOTE

NOTE 01   **현실은 생각의 결과다.**

사람은 자신이 믿는 만큼의 세계를 산다.

NOTE 02   **시선이 인생의 방향을 정한다.**

무엇을 보느냐가 무엇이 되는지를 결정한다.

NOTE 03   **가능성을 보는 사람만 길을 만든다.**

보이지 않으면 시도하지도 않는다.

NOTE 04   **생각은 반복될수록 현실이 된다.**

믿음은 행동을 부르고, 행동은 결과를 만든다.

NOTE 05   **먼저 바뀌는 것은 상황이 아니라 시선이다.**

인생은 해석이 바뀌는 순간 달라진다.

THE NOTE — Napoleon Hill

"내가 믿는 방식대로, 삶은 움직인다."

"배움을 멈추는 순간, 성장은 끝난다"

— 빌 게이츠(Bill Gates) | 마이크로소프트 창업주

배움은 뒤처지지 않기 위한 기준

어느 정도 성과를 이루면 사람은 자연스럽게 멈춘다. 더 이상 급하지 않다고 느끼고, 이미 검증된 방식이 있으니 굳이 바꿀 필요가 없다고 판단한다. 익숙함은 효율처럼 보이고, 반복은 안정처럼 느껴진다. 하지만 빌 게이츠의 생각은 달랐다. 그는 '잘되고 있다'는 감각이야말로 생각이 굳기 시작했다는 신호라고 생각했다.

그에게 성공은 쉬어도 된다는 허락이 아니라, 다시 점검해야 한다는 신호였다. 지금의 결과를 만든 판단이 앞으로도 그대로 유효할지를 의심해야 할 시점이라는 뜻이다.

성과는 언제나 과거에 속해 있다. 오늘의 성취는 어제의 결정이 시간을 두고 도착한 결과일 뿐이다. 문제는 세상이 그 속도를 기다려

주지 않는다는 데 있다.

기술은 빠르게 바뀌고, 환경은 조용히 이동하며, 사람들의 기대는 어느새 다른 방향을 향한다.

어제까지 통하던 답이 설명도 없이 낡아버리는 순간도 많다. 그래서 게이츠는 성과를 확인하기보다 판단의 유통기한을 먼저 살폈다.

"지금, 이 방식은 얼마나 오래 갈 수 있는가?"

"이 판단은 새로운 조건 앞에서도 여전히 설득력을 가질 수 있는가?"

이 질문은 자신을 깎아내리기 위한 것이 아니라, 업데이트하기 위한 점검이었다. 그리고 이때부터 배움은 선택이 아니라 필수가 되었다. 시간이 남을 때 하는 여가도 아니고, 호기심을 채우는 취미도 아니었다. 배움은 판단력을 유지하기 위한 최소한의 장치였고, 생각이 굳기 전에 틈을 만들고, 익숙한 결론에 균열을 내는 안전장치였다.

그가 꾸준히 읽고, 듣고, 메모하고, 정리한 이유도 여기에 있다. 더 많은 정보를 쌓기 위해서가 아니었다. 지금까지 믿어온 생각이 여전히 현실을 설명하는지, 이미 바뀐 전제를 붙잡고 있지는 않은지를 확인하기 위해서였다.

게이츠에게 배움은 앞서 나가기 위한 무기가 아니라, 뒤처지지 않기 위한 기준이었다. 이미 잘되고 있을수록 더 조심해야 한다는 태도. 성과가 생겼을수록 생각을 가볍게 쓰지 않겠다는 결심이었다.

그가 끝까지 지키려 한 것은 '똑똑함'이 아니었다. 판단이 굳어버리지 않도록 자신을 계속 흔드는 습관이었다.

답이 아니라 기준을 키우다

빌 게이츠는 혼자 있는 시간을 일부러 만들었다. 회의 사이에 남는 자투리 시간이 아니라, 생각을 정리하기 위해 따로 떼어 둔 시간이었다. 그 시간의 중심에는 늘 책이 있었다.

책은 바로 답을 주지 않는다. 지금 겪는 문제를 단번에 해결해 주는 설명서도 아니다. 읽는다고 해서 곧바로 행동이 바뀌는 것도 아니다. 책은 생각을 오래 붙잡아 둔다. 결론만 던지지 않고, 그 결론이 만들어진 배경과 전제, 실패와 수정의 과정까지 함께 보여준다. 그래서 독서는 정보를 더하는 일과는 다르다. 무엇을 알아야 하는지를 알려주기보다, 무엇을 기준으로 판단해야 하는지를 묻게 한다. 누군가의 생각을 그대로 받아들이게 하기보다, 그 생각이 나온 흐름을 따라가게 만든다. 그 과정에서 자연스럽게 질문이 생긴다.

"왜 이런 판단을 했을까?"

"다른 선택지는 없었을까?"

"이 전제는 지금도 유효할까?"

게이츠가 독서를 중시한 이유가 여기에 있다. 독서는 남의 답을 외우는 시간이 아니라, 자기 기준을 점검하는 시간이라고 보았기 때문이다.

그는 많은 정보를 아는 사람이 아니라, 어떤 상황에서도 판단의 축이 흔들리지 않는 사람이 결국 덜 틀린 선택을 한다고 믿었다.

사고의 깊이는 타고나는 재능이 아니다. 한 번의 깨달음으로 생기지도 않는다. 서로 다른 질문들이 쌓이고, 그 질문들이 부딪히며 정리되는 과정에서 조금씩 만들어진다. 독서는 그 축적을 가능하게 하는 가장 느리지만 가장 확실한 방식이다.

생각이 깊어지면 판단은 덜 흔들린다. 유행이나 분위기에 휩쓸리지 않고, 불확실한 순간에도 무엇을 지켜야 할지 스스로 알게 된다.

게이츠에게 독서는 성과를 앞당기는 도구가 아니었다. 앞서 나가기 위한 비결도 아니었다. 오히려 위기 앞에서 속도를 늦추게 하고, 생각이 좁아질 때 다시 넓혀 주는 기준이었다.

그는 책에서 답을 찾지 않았다. 답을 고르는 기준을 키웠다.

확신을 의심하는 힘

게이츠가 배움에서 가장 중요하게 여긴 것은 얼마나 많이 알고 있느냐가 아니었다. 그는 오히려 이렇게 물었다.

"어디까지 모른다고 말할 수 있는가?"

게이츠는 자신의 판단이 틀릴 수 있다는 가능성을 항상 열어두었다. 그래서 일부러 반대 의견을 찾아 읽었고, 기존 생각을 뒤집는 자료 앞에서도 쉽게 고개를 돌리지 않았다.

"만약 내 생각이 틀렸다면, 여기서부터 다시 생각하면 된다."

이 문장에는 중요한 의미가 담겨 있다. 틀리는 순간이 끝이 아니라, 다시 시작할 수 있다는 인식이다.

게이츠는 모른다는 사실을 인정하지 않는 순간, 생각이 멈추고 판단도 함께 굳어진다고 보았다. 그가 가장 경계한 것은 실패가 아니었다. 확신이었다. 확신이 커질수록 질문은 줄어들고, 질문이 사라지는 순간 배움도 멈춘다. 이미 안다고 믿는 상태에서는 새로운 정보가 들어올 자리가 없기 때문이다.

그는 낯선 분야 앞에서도 물러서지 않았다. 전문가인 척하지 않았고, 기본적인 것을 다시 묻는 것을 부끄러워하지도 않았다. 오히려 기본적인 것일수록 끝까지 확인해야 한다고 생각했다.

게이츠에게 배움은 속도의 문제가 아니었다. 남들보다 빨리 아는 것이 목표도 아니었다. 틀린 것을 하나씩 지워 가며, 조금씩 더 정확해지는 과정에 가까웠다. 그의 배움은 늘 조용했다. 눈에 띄는 성과를 앞세우지도 않았고, 굳이 드러내 보이려 하지도 않았다. 하지만 시간이 지날수록 그의 판단은 더욱 정교해졌고, 위기 앞에서도 쉽게 무너지지 않았다.

이렇듯 배움은 자신감을 키우는 일이 아니다. 자기 확신을 계속 의심하는 힘을 기르는 일이다. 게이츠가 끝까지 붙잡던 배움의 본질도 바로 여기에 있었다.

배움은 위기에서 증명된다

하루의 배움은 늘 작아 보인다. 오늘 읽은 몇 페이지의 책, 오늘 던진 질문 하나가 당장 삶을 바꾸는 일은 거의 없다. 그래서 이런 생각이 들기 쉽다.

"이게 과연 무슨 도움이 될까?"

게이츠는 이 질문을 가장 경계했다. 배움은 즉각적인 결과로 증명되는 일이 아니라고 생각했기 때문이다.

그에게 배움이란 시간이 지나며 판단의 중심을 단단하게 만드는 과정이었다. 눈에 띄는 변화는 없지만, 보이지 않는 기준이 조금씩 제자리를 찾아가는 시간이었다. 이 차이는 위기에서 확연히 드러난다. 정보가 쏟아지고 빠른 결정이 필요할수록 겉으로만 알고 있던 지식은 가장 먼저 흔들린다. 확신처럼 보이던 생각이 순식간에 불안으로 바뀐다. 반대로, 오래 쌓인 배움은 이런 순간에 힘을 발휘한다. 무엇이 본질인지, 무엇이 중요하지 않은 정보인지를 구분해 낸다.

그 결과 조급해지지 않고, 지금 굳이 하지 않아도 되는 선택을 거를 수 있다.

게이츠가 말한 배움의 '복리'는 숫자로 바로 확인되지 않는다. 성과처럼 즉각 눈에 보이지도 않는다. 하지만 결정적인 순간, 어떤 질문을 먼저 던질지, 어떤 선택은 미뤄도 되는지를 차분하게 판단할 수 있게 한다.

배움은 하루를 바꾸지 않을 수 있다. 그러나 하루하루 쌓인 배움은 위기의 순간, 전혀 다른 선택을 가능하게 만든다.

성공 이후에도 멈추지 않기 위한 조건

게이츠에게 배움은 자랑하기 위한 것이 아니었다. 성공 이후에도 멈추지 않기 위한 최소한의 조건이었다.

그는 더 앞서가기 위해 애쓰기보다, 뒤처지지 않기 위해 생각을 계속 업데이트했다. 세상이 바뀌는데 판단이 그대로라면 그 순간부터 성공은 과거의 이야기가 된다고 보았기 때문이다.

성과가 쌓일수록 그는 오히려 속도를 낮추었다. 확신을 키우기보다 질문을 오래 붙잡았다. 지금의 판단이 여전히 유효한지, 이미 굳어버린 생각은 없는지를 스스로에게 묻는 시간이 필요하다고 생각했다.

배움으로 다져진 사고는 사람을 고집스럽게 만들지 않는다. 오히려 변화 앞에서 쉽게 무너지지 않게 해준다. 새로운 정보가 들어와도 방어적으로 반응하지 않고, 필요하다면 생각을 고쳐 쓸 수 있는 여지를 남긴다.

아마 그의 수첩에는 이런 뜻의 문장이 적혀 있었을 것이다.

"배움은 더 똑똑해지기 위한 일이 아니다. 언제든 다시 생각할 수 있도록 여지를 남겨 두는 일이다."

이 기준이 하루하루 쌓이면서 그의 판단은 유행이나 분위기에 흔들리지 않을 수 있었다. 이것이 그가 성공에 안주하지 않고, 성공 이후에도 계속 움직일 수 있었던 이유다.

Bill Gates's NOTE

NOTE 01   배움은 멈추는 순간 자산이 아니다.

성장은 이미 아는 것을 반복하는 것이 아니라,
모르는 것을 끝까지 배우는 데서 시작된다.

NOTE 02   지식은 쌓을수록 속도가 붙는다.

배움은 단기 성과가 아니라,
시간이 지날수록 복리로 작동한다.

NOTE 03   변화는 늘 공부하는 사람 편이다.

세상이 바뀔수록, 배우는 속도가 곧 경쟁력이 된다.

NOTE 04   질문을 멈추는 순간 뒤처진다.

성과가 클수록 더 많이 배우지 않으면 금방 낡아진다.

NOTE 05   배움은 가장 안전한 투자다.

잃을 위험이 없는 유일한 자산은 학습 능력이다.

THE NOTE — Bill Gates

"배움을 멈추지 않는 사람은 결국 어떤 변화 앞에서도 살아남는다."

"감정의 주인이 될 때 인생도 주인이 된다"

— 레이 달리오(Ray Dalio) | 헤지 펀드 브리지워터 어소시에이츠 창립자

감정은 문제의 원인이 아니라 점검 신호

대부분 사람은 감정을 통제해야 할 대상으로 여긴다. 불안하면 판단이 흐려질 것 같고, 화가 나면 실수할 것 같으며, 조급해지면 결정을 망칠 것 같다고 생각한다. 그 때문에 감정을 눌러 두거나, 모르는 척하며 적당히 넘기려 한다. 아무것도 느끼지 않는 상태가 가장 이성적이라고 믿으면서 말이다.

레이 달리오는 감정을 판단의 적으로 생각하지 않았다. 오히려 감정을 무시하는 것이야말로 판단을 가장 위험하게 만든다고 보았다. 달리오에게 감정은 문제의 원인이 아니었다. 문제가 있다는 사실을 알려주는 신호에 가까웠다. 그는 감정이 이유 없이 튀어나오는 경우는 거의 없다고 봤다.

불안은 보통 내가 통제할 수 없는 것에 매달리고 있을 때 생기고, 분노는 상황 자체보다 내가 당연하다고 믿은 것이 깨질 때 더욱 커진다.

달리오는 감정이 올라오는 순간, 그 감정을 없애려 하지 않았다. 대신 이렇게 받아들였다.

"지금 내 판단 어딘가에 점검이 필요하다는 신호다."

달리오는 감정을 억누르지 않았다. 그렇다고 감정에 휘둘리지도 않았다. 감정과 거리를 둔 채, 늘 같은 질문을 던졌다.

"이 감정은 사실에 대한 반응인가, 아니면 내가 기대해 온 해석에 대한 반응인가?"

이 순간, 감정은 판단의 주체가 아니라 점검해야 할 신호가 된다. 느낌을 그대로 따르지도 않고, 억지로 밀어내지도 않는다. 그저 판단의 재료로 다시 제자리에 놓을 뿐이다.

달리오에게 이성적인 판단이란 감정이 전혀 없는 상태가 아니었다. 감정이 보내는 신호를 놓치지 않고 읽을 수 있는 상태였다.

그는 이렇게 믿었다. 감정을 지운 사람이 더 냉정해지는 것이 아니라, 감정을 읽을 수 있는 사람이 더 정확한 선택을 할 수 있다고.

이 선택은 사실인가, 감정인가?

달리오는 금융시장에서 반복되는 한 가지 패턴을 발견했다. 큰 손실의 대부분은 정보가 부족해서가 아니라, 감정이 판단의 자리에 올라앉는 순간부터 시작된다는 사실이다.

두려움은 결정을 앞당긴다. 아직 더 살펴볼 여지가 있어도 "더 잃기 전에 멈추자"는 생각이 먼저 튀어나온다. 판단이 끝나기도 전에 결론부터 내려 버리는 셈이다.

반대로 욕심은 판단을 느슨하게 만든다. 위험은 실제보다 작아 보이고, 확신은 필요 이상으로 커진다. 그렇게 볼 때 "이번만은 다르다"는 말이 떠오르는 순간, 이미 경계선을 넘고 있을 가능성이 크다.

사람들은 이럴 때 종종 이렇게 말한다.

"이건 이성적인 판단이야."

하지만 달리오의 생각은 달랐다. 그 순간 결정을 내리고 있는 주체는 사람이 아니라 감정이라고 생각했다. 그는 이를 통제 실패라고 하지 않았다. 감정을 느끼면서도, 그 감정이 어디서 왔는지 확인하지 않은 채 판단을 넘겨준 상태라고 생각했다.

그는 결정을 서두르지 않았다. 대신 의도적으로 한 박자 멈췄다. 그리고 스스로에게 이렇게 물었다.

"이 선택은 사실에 근거한 것인가, 아니면 감정에 반응한 결과인가?"

달리오는 이 질문 하나가 판단의 방향을 바꾼다고 믿었다. 감정을 없애기 위한 질문이 아니라, 감정을 판단의 자리에서 내려오게 만드는 질문이었기 때문이다. 이 질문을 하는 순간, 결정은 다시 사람의 몫으로 돌아온다.

감정은 기록할 때 정보가 된다

달리오에게 감정은 억눌러야 할 대상이 아니었다. 기록해야 할 대상이었다.

그는 마음이 흔들린 순간을 그냥 넘기지 않았다. 그때 어떤 감정이 올라왔는지, 그 감정이 어떤 말과 행동으로 이어졌는지까지 꼼꼼하게 기록했다. 감정을 풀기 위해서가 아니라, 다음 판단을 더 정확하게 만들기 위해서였다.

기록이 쌓이자, 감정의 패턴이 보였다. 특정 상황에서 반복되는 불안, 일이 잘 풀릴 때 슬그머니 올라오는 자만, 주변 분위기에 휩쓸릴 때 나타나는 성급함….

같은 감정이 비슷한 장면에서 되풀이된다면 그건 기분이 아니라 패턴이다. 패턴이 보이면 대응이 가능해진다. 어디서 불안해지는지 알면 그 지점에서 결론을 늦출 수 있고, 언제 욕심이 커지는지 알면 그 순간 브레이크를 걸 수 있다.

감정은 억누를수록 커지기도 한다. 하지만 이름을 붙이는 순간 작아진다.

"지금, 이 불안은 상황 때문이 아니라, 내가 통제할 수 없는 것을 붙잡고 있기 때문일 수 있다."

이렇게 정리되는 순간, 감정은 힘을 잃고 정보로 바뀐다.

달리오가 기록을 통해 얻고자 한 것은 차분한 마음이 아니었다. 컨디션에 상관없이 비슷한 판단을 반복할 수 있는 구조였다. 그는 흔들릴 때마다 대충 넘어가지 않고, 기록으로 남겨 두는 사람만이 비슷한 상황에서 같은 판단을 다시 할 수 있다고 보았다.

감정을 기록한다는 것은 감정을 없애겠다는 뜻이 아니다. 감정이 판단에 끼어드는 순간을 미리 알아차리겠다는 준비에 가깝다. 그 과정을 거치면 감정은 판단을 좌우하는 힘이 아니라, 판단에 앞서 반드시 점검해야 할 변수로 자리 잡는다. 그리고 그 변수를 확인하는 사람은 같은 실수를 같은 방식으로 반복하지 않는다.

감정은 소음이 아니라 경고등

달리오에게 감정은 판단을 흐리는 소음이 아니었다. 판단이 놓치고 있는 부분을 알려주는 경고등에 가까웠다. 두려움은 위험을 다시 살펴보라는 신호였고, 불안은 준비가 덜 되었음을 알려주는 표시였다.

그가 말한 통제란 아무것도 느끼지 않는 상태가 아니었다. 감정을 느끼되, 그 감정이 어디서 왔는지까지 함께 살펴보는 일이었다.

그는 늘 이렇게 물었다.

"지금 내가 불안한 이유는 무엇인가?"

"이 두려움은 실제 위험을 가리키는가, 아니면 기대가 만든 반응인가?"

이 질문이 던져지는 순간, 감정은 판단의 적이 아니라 자료가 된다. 감정을 배제하면 판단은 빨라진다. 망설임은 줄고, 결정은 단순해진다. 하지만 그만큼 판단은 취약해진다. 보이지 않는 위험을 놓치기 쉽고, 확신은 어느새 과신으로 바뀐다. 그리고 문제가 생긴 뒤에야 "그땐 왜 그 신호를 무시했을까"라는 후회가 따라온다.

반대로 감정을 포함하면 판단은 느려질 수 있다. 확인해야 할 것이 늘어나고, 결론을 서두를 수 없기 때문이다. 그러나 그렇게 만들어진 판단은 쉽게 무너지지 않는다. 위험을 고려했고, 기대를 조정했으며, 불안의 근원을 한 번 더 점검했기 때문이다.

달리오에게 객관성이란 감정을 없애는 상태가 아니었다. 감정을 안고도 중심을 잃지 않는 상태, 흔들리면서도 방향을 놓치지 않는 상태였다.

그는 차분해지려 애쓰지 않았다. 대신 감정이 올라오는 순간 판단을 더 단단하게 만드는 계기로 삼았다.

감정을 다스린다는 것은 감정을 이겨내는 일이 아니다. 감정을 판단의 한 요소로 받아들이는 능력이다. 그 차이가, 같은 상황에서도 전혀 다른 선택을 만들어낸다.

판단의 순서를 지키는 훈련

달리오가 말한 감정의 통제는 타고난 성격의 문제가 아니다. 그에게 감정 관리는 훈련의 문제였다. 감정을 없애는 연습이 아니라, 감정을 언제, 어떤 순서로 판단에 포함할지를 배우는 일이었기 때문이다.

그의 감정 관리 훈련은 단순했다.

"느낀다 → 기록한다 → 해석한다 → 판단한다."

이 순서가 지켜질 때, 감정은 사고를 방해하지 않는다. 문제는 감정의 크기가 아니다. 사람을 무너뜨리는 순간은 감정이 설명 없이 판단을 대신할 때다.

대부분의 실수는 화가 나서, 불안해서, 욕심이 나서 생기지 않는다. 그 감정을 점검하지 않은 채 곧바로 선택으로 옮길 때 발생한다. 달리오는 바로 이 연결을 차단했다. 느끼는 것은 허용하되, 해석 없이 즉시 판단으로 넘어가지는 않았다.

그에게 "감정을 다스린다"는 말은 차분해지는 연습이 아니었다. 마음을 억누르는 기술도 아니었다. 어떤 상황에서도 선택의 주도권을 감정에 넘기지 않는 일, 판단의 순서를 끝까지 지키는 일이었다.

중요한 결정 앞에서 감정은 언제나 먼저 반응한다. 그건 막을 수 없다. 하지만 그다음에 어떤 질문을 던질지는 스스로 선택할 수 있다.

"이 감정은 무엇을 알려주고 있는가?"

"사실에 대한 반응인가, 내 기대가 만든 해석인가?"

"지금 결론을 내려도 되는 순간인가?"

이 질문 하나가 들어오는 순간, 감정은 방향을 흔드는 힘이 아니라 방향을 점검하게 만드는 도구가 된다. 그리고 이 차이가, 결국 삶의 흐름을 바꾼다.

달리오의 수첩에는 이런 말이 적혀 있을 것이다.

"감정은 없애야 할 문제가 아니다. 문제는 감정이 설명 없이 판단을 대신하는 순간이다."

감정은 방향을 정하기 위해 존재하지 않는다. 지금 내 판단이 기준에서 벗어나 있지는 않은지 알려주는 신호에 가깝다. 판단의 순서를 지키기만 하면, 감정은 선택을 대신하지 않는다. 결정을 흔드는 주인이 아니라, 판단에 앞서 참고해야 할 자료로 남을 뿐이다.

Ray Dalio's NOTE

NOTE 01 감정은 제거 대상이 아니라 관리 대상이다.

감정을 통제하지 못하면, 감정이 판단을 대신한다.

NOTE 02 실패는 감정이 아니라 데이터다.

실패를 분석할 수 있을 때만 같은 실수를 반복하지 않는다.

NOTE 03 원칙은 위기에서 드러난다.

상황이 흔들릴수록 기준이 분명한 사람이 살아남는다.

NOTE 04 현실을 있는 그대로 보라.

불편한 진실을 외면하는 순간 판단은 왜곡된다.

NOTE 05 좋은 판단은 구조에서 나온다.

감정이 아니라 시스템이 결정을 대신하게 만들어라.

THE NOTE — Ray Dalio

"감정을 다스릴 수 있을 때, 인생도 다스릴 수 있다."

"자유는 책임 없이 존재하지 않는다"

— 인디라 누이(Indra Nooyi) | 펩시코 전 최고경영자(CEO)

자유의 무게

인디라 누이가 말한 자유는 '하고 싶은 대로 하는 상태'가 아니다. 그녀에게 자유란 선택지가 많아지는 일이 아니라, 내가 고른 하나의 선택이 지닌 무게를 분명히 인식하는 것이었다.

그녀에게 '결정할 수 있다'는 것은 결과를 누구에게도 미루지 않겠다는 뜻이었다. 그래서 그녀는 자유를 가볍게 말하지 않았다. 자유에는 언제나 대가가 따르고, 그 대가는 결국 책임이라는 이름으로 돌아온다고 생각했다.

누이는 선택 앞에서 늘 한 걸음 더 멀리 보았다. 지금은 불편해 보이는 결정이 조직에 어떤 흔적을 남길지, 시간이 흘러도 당당히 설명할 수 있는 선택인지를 집요하게 살폈다. 그녀가 서두르지 않았던 이유도 여기에 있다. 속도보다 중요한 것은 방향이었고, 한 번 정한 방향은 쉽게 바꾸지 않았다. 자유를 언제나 책임과 세트로 다뤘기 때문이다.

누이에게 자유란 원하는 것을 얻어내는 능력이 아니었다. 원하지 않는 결과가 따라와도 끝까지 감당하는 힘이었다.

자유는 누군가의 허락을 구하는 것이 아니다. 책임을 전제로 한 신뢰의 문제다. 그리고 그 신뢰라는 열매는 오직 책임을 끝까지 지는 사람에게만 허락된다.

리더, 권한이 아니라 책임의 자리

리더는 권한을 누리는 자리가 아니다. 그 어떤 책임에서도 빠져나갈 수 없는 자리다.

리더의 선택은 언제나 복잡한 이해관계의 한복판에서 이루어진다. 하나를 택하면 다른 하나는 흔들리기 마련이다. 이때 리더십을 '내 마음대로 결정할 수 있는 자유'로 오해하는 순간, 판단은 가벼워진다. 그리고 가벼운 판단은 결코 오래 버티지 못한다.

누이가 지켜온 원칙은 단순했다. 결정을 내린 뒤, 그 결과에서 물러서지 않는 것. 성과는 조직의 몫으로 돌리고, 문제가 생기면 가장 먼저 자신이 책임을 지는 것이었다. 이는 보여주기식 이미지 관리가 아니었다. 처음부터 끝까지 지켜온 삶의 철학이었다. 그래서 그녀는 중요한 선택 앞에서 일부러 한 박자 늦췄다. 지금 당장 눈에 보이는 숫자가 좋은지보다, 이 결정이 시간이 흐른 뒤에도 조직이 감당할 수 있는 무게인지를 먼저 따졌다. 그러다 보니 그녀의 질문은 늘 같은 자리로 돌아왔다.

"지금 당장 편한 선택인가, 아니면 끝까지 책임질 수 있는 결정인가?"

그녀의 판단은 절대 빠르지 않았다. 하지만 한 번 내려진 결정은 쉽게 흔들리지 않았다. 자신에게 주어진 자유를 가볍게 쓰지 않았기 때문이다.

리더가 된다는 것은 더 화려한 변명을 늘어놓을 수 있는 위치에 오르는 일이 아니다. 오히려 그동안 해왔던 변명을 하나씩 내려놓는 과정이다. 선택의 결과를 온전히 자기 어깨로 받아내는 사람, 그것이 누이가 말하는 진짜 리더의 모습이다.

책임을 판단의 맨 앞에 두다

누이는 알고 있었다. 책임을 피하면 선택이 한결 쉬워진다는 사실을. 구구절절 설명할 필요도 없고, 결과가 나쁘면 그 이유를 주변에 나눠 떠넘기면 그만이다. 하지만 그런 선택은 절대 오래가지 않는다. 방향은 금세 흔들리고, 판단의 기준은 상황에 따라 갈대처럼 바뀐다. 그래서 누이는 '책임'을 늘 판단의 맨 앞줄에 두었다. 이 결정이 오늘의 숫자를 얼마나 바꾸는지보다, 시간이 흐른 뒤 회사에 무엇을 남길지, 그리고 직원들의 다음 선택에 어떤 기준이 될지를 먼저 고민했다.

누이에게 책임이란 결과가 나온 뒤 뒤늦게 짊어지는 짐이 아니었다. 결정을 내리기 전, 그 선택이 어디까지 이어질지 끝까지 그려보는 일이었다. 이 결정이 누구의 삶에 영향을 미칠지, 누가 그 선택의 결과를 안고 살아가게 될지, 그 장면까지 먼저 떠올리는 것, 누이는 바로 그 과정 자체를 책임이라고 여겼다. 이런 확고한 기준이 있었기에 단기 성과를 약속하는 화려한 유혹 앞에서도 그녀는 중심을 잃지 않았다.

그녀는 스스로에게 항상 이런 질문을 했다.

"지금 당장 좋아 보이는 선택인가, 아니면 한 번 내리면 되돌리기 어려운 결정인가?"

되돌릴 수 없다는 중압감이 느껴질수록 그녀는 일부러 속도를 늦췄다. 한 번 더 묻고, 다시 살피고, 필요하다면 결정을 잠시 미루기도 했다. 그것이 책임 있는 선택이라고 생각했다. 이런 신중함은 결코 망설임이 아니었다. 오히려 한 번 내린 결정을 누구도 흔들 수 없게 만드는 필수적인 과정이었다.

누이의 경영 철학은 명확했다. 자유롭게 결정하되 결과에서 도망치지 않는 것, 권한은 나누되 책임만큼은 끝까지 홀로 짊어지는 것이었다.

책임을 판단의 중심에 두면 선택지는 자연스럽게 줄어든다. 하지만 범위가 좁아진 만큼 판단은 오히려 또렷해진다. "무엇을 할 수 있는가?"라는 욕심이 사라지고, "무엇을 끝까지 감당할 수 있는가?"라는 본질만 남기 때문이다.

누이는 결코 그 선을 넘지 않았다. 덕분에 그녀의 결정은 시간이 흘러도 변함이 없었고, 언제 어디서든 당당할 수 있었다. 그것이 인드라 누이가 세상에 증명한 리더십이었다.

환호보다 시간을 택한 이유

누이는 사람들이 쉽게 고개를 끄덕일 법한 선택을 의도적으로 피했다. 지금 당장 듣기 좋은 것보다, 시간이 흘러도 꼭 필요한 일을 기준으로 삼았기 때문이다. 그 과정에서 주변의 반발도 적지 않았다. 예컨대, 건강을 고려한 제품 개편은 익숙한 맛을 바꾸는 데서 오는 강한 저항을 불러왔다. 또한 환경을 위한 장기 투자는 당장의 수익을 미뤄야 하는 결단을 요구했다. 단기 성과를 위해 구조조정을 해야 할 때도 마찬가지였다. 그녀는 리더라면 누구나 피하고 싶은 비난과 정면으로 마주했다.

이런 결정들은 즉각적인 환호와 거리가 멀었다. 박수보다 불만이 먼저 터져 나왔고, 공감보다는 의문이 뒤따랐다. 그럼에도 누이는 확신했다. 지금의 반응보다 시간이 흘러 남게 될 가치가 훨씬 중요하다는 사실을 말이다.

당장의 지지를 얻기 위해 미래의 부담을 키우는 선택은 결국 더 큰 책임이라는 부메랑이 되어 돌아온다. 그래서 누이는 대중의 환호에 판단을 맡기지 않았다. 대신 시간이 흐른 뒤 반드시 마주하게 될 질문을 먼저 떠올렸다.

누이에게 자유란 사람들의 기대에 맞춰 움직이는 권리가 아니었다. 비난을 감수하더라도 피할 수 없는 문제를 앞당겨 끌어안는 능력이었다. 당장의 지지를 내려놓을 수 있는 용기, 그것이 리더에게 허락된 진정한 자유라고 그녀는 믿었다.

책임을 피해 간 자유는 오래가지 않는다. 편한 선택은 조직을 잠시 쉬게 할 수는 있어도, 다음 단계로 나아가게 하지는 못하기 때문이다. 반대로 불편함을 견디는 선택은 당장의 속도를 조금 늦출지언정 방향만큼은 분명하게 만든다.

누이는 이 철학을 굳이 말로 설명하지 않았다. 오직 결정으로 보여주었고, 그 결과를 끝까지 감당해냈다. 그래서 시간이 지나 돌아본 그녀의 선택들은 모두 하나의 방향을 가리키고 있다. 조직을 지금보다 조금 더 오래, 그리고 조금 더 멀리 데려가겠다는 확고한 방향이 바로 그것이다.

결정 이후를 책임지는 힘

누이가 말한 책임은 개인의 성과나 명성에 머물지 않았다. 리더가 내린 하나의 결정이 직원의 삶을 어떻게 바꾸는지, 소비자의 선택을 어디로 이끄는지, 그리고 우리 사회에 어떤 흔적을 남기는지까지 그녀는 끝까지 추적했다.

결정은 순간이지만 그 결과는 오래 남는다. 누이는 이 사실을 누구보다 분명하게 알고 있었다. 그래서 그녀의 결정에는 항상 '멈춤'의 시간이 있었다. 이 선택이 누군가에게 너무 무거운 짐이 되지는 않는지, 지금은 편해 보여도 결국 누군가의 내일을 더 힘들게 만들지는 않는지 스스로에게 다시 묻는 과정이었다.

자유롭게 결정하되 그 무게를 개인의 성공으로만 계산하지 않는 것, 그리고 성과를 만들면서도 사람을 소모하지 않는 길을 찾는 것. 누이는 이 균형을 경영의 중심에 두었다.

그녀의 리더십은 무조건 강하게 밀어붙이는 방식이 아니었다. 속도보다 신뢰를 택했고, 일방적인 지시보다 설명과 설득을 남겼다. 압박 대신 명확한 기준을 세웠다.

모든 사람이 그녀의 결정에 항상 동의했던 것은 아니다. 하지만 그 판단이 가벼웠다고 말하는 사람 또한 없었다. 결정을 내리는 힘보다 더 중요한 것은 그 결과를 끝까지 책임지는 힘이기 때문이다. 누이는 그 힘이 사람과 조직을 지속 가능하게 만든다는 사실을 화려한 말이 아닌, 선택과 책임으로 보여주었다.

Indra Nooyi's NOTE

NOTE 01　　자유에는 반드시 책임이 따른다.

선택의 폭이 넓어질수록 감당해야 할 무게도 커진다.

NOTE 02　　리더의 결정은 조직의 방향이 된다.

개인의 판단이 곧 공동체의 미래로 이어진다.

NOTE 03　　인기보다 옳음을 택하라.

당장의 박수보다 긴 시간을 견디는 선택이 중요하다.

NOTE 04　　배려 없는 성과는 오래가지 않는다.

사람을 소모하면 결과도 함께 소모된다.

NOTE 05　　책임을 피하지 않는 사람이 신뢰를 얻는다.

책임을 짊어질 줄 아는 사람이 결국 결정권을 가진다.

THE NOTE — Indra Nooyi

"책임을 감당할 준비가 된 사람만이 진짜 자유를 가진다."

"긍정은 위로가 아니라 계획"

— 샤릴 샌드버그(Sheryl Sandberg) | 페이스북의 전 COO

긍정은 판단이다

"긍정은 고통을 잊는 기술이 아니다. 아무 일도 없었던 것처럼 웃어넘기는 태도도 아니다. 고통이 분명히 존재하는 상황에서도 자기 삶의 주도권을 끝까지 내려놓지 않겠다는 선택에 가깝다."

셰릴 샌드버그의 말이다. 그녀에게 긍정은 기분의 문제가 아니라 판단의 문제였다. 현실이 힘들다는 사실을 부정하지 않으면서도, 그 현실을 어떻게 해석하고 어디에 시선을 둘 것인지 스스로 결정하는 것이기 때문이다.

예컨대, 같은 조건 앞에서도 사람들의 반응은 엇갈린다. 누군가는 가능성을 먼저 떠올리고, 누군가는 한계부터 계산한다. 이 차이는 성격에서 나오지 않는다. 어디에 시선을 두느냐에서 생긴다.

샌드버그는 긍정을 이렇게 정의했다.

"긍정이란 지금 내가 움직일 수 있는 범위를 조금이라도 넓혀 주는 사고방식이다."

그녀는 "다 잘될 거야"라며 무작정 자신을 달래는 대신 이렇게 물었다.

"이 조건에서 내가 지금 할 수 있는 건 무엇인가?"

그녀는 현실의 제약을 분명히 인정하되, 거기서 멈추지 않는다. 할 수 있는 것과 없는 것을 나누고, 손에 잡히는 것부터 하나씩 고른다. 이 태도가 다음 행동을 가능하게 만든다. 아무것도 할 수 없다고 느껴지는 순간에도 사실은 아주 작은 선택지 하나가 남아 있다. 긍정은 바로 그 마지막 선택지를 보이게 해주는 힘이다.

샌드버그에게 긍정은 현실 도피가 아니다. 현실을 직시한 뒤에도 무너지지 않기 위한 가장 실용적인 태도다. 그래서 그녀의 긍정은 위로만으로 머무르지 않는다. 희망보다는 계획에 가깝다. 크게 외치지도 않고, 요란하게 드러내지도 않는다. 하지만 조용히 뿌리내려 쉽게 흔들리지 않는다.

상황을 바꾸기 전에 해석의 방향을 먼저 바꾸는 것. 그 작은 전환이 다음 선택을 만들고, 그 선택이 결국 상황을 움직인다. 이것이 샌드버그가 말하는 가장 현실적이고 강력한 긍정이다.

희망보다 먼저 필요한 것

샌드버그는 무작정 긍정적으로 생각하라고 말하지 않는다. 근거 없는 낙관이야말로 위기 앞에서 가장 먼저 무너진다는 사실을 그녀는 경험으로 알고 있었다.

상황을 제대로 보지 않은 채 "다 괜찮아질 거야"라는 말을 반복하는 것. 그것은 마음을 단단하게 만드는 태도가 아니다. 현실을 외면하는 선택에 가깝다. 샌드버그는 이 둘을 분명히 구분했다.

그녀가 말하는 긍정은 감정을 다루는 요령이 아니다. 오히려 준비가 끝난 뒤에 남는 상태에 가깝다. 정보를 충분히 모으고, 상황이 최악으로 흘러갈 가능성까지 계산한 뒤에도 내가 움직일 수 있는 선택지를 하나 이상 남겨 두는 것. 이 과정을 거쳐야 긍정은 비로소 말이 아니라 힘이 된다. 그래서 그녀는 스스로에게 끊임없이 이렇게 물었다.

"지금 상황은 정확히 어떤가?"

"내가 통제할 수 있는 것과 없는 것은 무엇인가?"

"지금, 이 순간 내가 선택할 수 있는 길은 몇 가지인가?"

이 질문에 답할 수 없는 긍정은 용기가 아니다. 무모함일 뿐이다.

준비된 긍정은 다르다. 상황이 나빠져도 쉽게 흔들리지 않고, 계획이 어긋나도 멈춰 서지 않는다. 기대는 무너질 수 있어도, 방향까지 함께 사라지지는 않기 때문이다.

샌드버그에게 긍정은 무작정 '상황이 좋아질 것'을 믿는 것이 아니다. 현실을 부정하지 않으면서도, 지금 내가 움직일 수 있는 범위를 조금이라도 넓히는 선택에 가깝다. 그래서 그녀의 긍정은 요란하지 않다. 크게 외치지도 않고, 쉽게 낙관하지도 않는다. 충분히 준비한 사람에게서만 드러나는 차분한 자신감에 가깝다.

결국 샌드버그의 긍정은 희망을 앞세운 감성적인 말이 아니다. 냉혹한 현실 위에서도 선택을 끝까지 이어가기 위한 가장 현실적이고 강력한 생존 전략이다.

감정과 판단 사이에 선긋기

샌드버그에게도 개인적인 상실과 조직의 위기가 한꺼번에 밀려온 시기가 있었다. 일도, 삶도 어느 하나 제대로 붙잡기 힘든 시간이었다.

그녀는 억지로 긍정하지 않았다. "괜찮다"고 자신을 속이지도 않았고, 빨리 회복해야 한다는 목표를 세우지도 않았다.

그녀는 슬픔과 혼란을 부정하지 않고 그대로 인정했다. 하지만 그 감정이 결정을 대신하게 하지는 않았다. 지금 느끼는 기분과 지금 내려야 할 선택은 같을 필요가 없다고 분명히 선을 그었다. 그때 그녀는 자신에게 이렇게 물었다.

"이 감정은 지금의 현실을 알려주는가, 아니면 나를 멈추게 하는가?"

이 질문은 슬픔을 없애기 위한 것이 아니었다. 판단의 주도권을 감정에 넘기지 않기 위한 최소한의 안전장치였다.

그녀는 한 번에 회복하려 하지 않았다. 예전처럼 돌아가겠다는 욕심도 내려놓았다. 대신 기준을 나눴다. 해야 할 일과, 지금 할 수 있는 일. 해야 할 일과 지금 할 수 있는 일. 완벽하지 않아도 괜찮다는 전제 아래, 하루의 아주 작은 부분부터 다시 움직이게 했다.

회복은 감정을 지우는 데서 시작되지 않는다. 감정의 존재를 인정하되, 그 감정이 삶의 운전대를 잡지 못하게 하는 것. 바로 그 지점에서 시작된다. 이 구분이 있었기에 샌드버그는 큰 상실 이후에도 다시 선택할 수 있었고, 혼란 속에서도 삶의 균형을 조금씩 되찾을 수 있었다.

그런 점에서 샌드버그에게 긍정이란 슬픔을 없애는 마법이 아니다. 슬픔을 안은 채로도 다음 선택을 가능하게 만드는 힘이다.

가능성을 닫지 않는다는 것

샌드버그에게 긍정이란 지금, 이 상황에서도 내가 할 수 있는 일이 아직 남아 있다는 확신에 가깝다. 아주 조금이라도 움직일 수 있다는 가능성. 이 최소한의 통로마저 닫히는 순간, 사람은 생각에 갇혀 결국 멈춰 서게 된다고 그녀는 생각했다.

샌드버그는 완벽한 확신을 기다리지 않았다. 모든 조건이 갖춰진 뒤에 움직이는 방식이 현실에서는 거의 통하지 않는다는 사실을 잘 알고 있었기 때문이다. 그래서 그녀는 늘 이 질문으로 돌아왔다.

"지금 내가 내디딜 수 있는 단 한 걸음은 무엇인가?"

그 한 걸음은 아주 작아도 괜찮았고, 남의 눈에 띄지 않아도 상관없었다. 중요한 것은 멈추지 않는 것이었다.

그녀가 말하는 긍정은 결과를 낙관하는 태도가 아니다. 가능성을 닫지 않는 힘이다. "앞으로 잘될지는 몰라도, 적어도 지금의 선택이 막다른 길은 아니다"라고 생각할 수 있는 상태인 셈이다. 그 작은 믿음이 있어야 사람은 다음 행동을 선택할 수 있다.

행동은 경험을 만들고, 경험은 감각을 남긴다. 그 감각은 다시 기준이 되어 다음 판단을 현실에 더 가깝게 다듬는다. 샌드버그에게 긍정은 이 흐름을 시작하게 만드는 출발 스위치였다.

긍정은 성격도, 타고난 기질도 아니다. 확신이 부족해도 한 번은 시도해 보는 선택, 불안해도 가능성을 완전히 닫지 않는 의지다. 즉, 스스로에게 움직일 수 있는 여지를 남겨두는 일이다.

결국 샌드버그에게 긍정은 아름다운 희망을 말하는 문장이 아니었다. 어떤 상황에서도 행동이 멈추지 않도록 나를 붙잡아 주는, 가장 현실적이고 가장 필요한 조건이었다.

오늘을 선택하게 만드는 힘

대부분의 사람은 성과가 보이고 상황이 정리되면 마음도 자연스럽게 따라올 것이라 믿는다. 하지만 샌드버그에게 긍정은 결과 뒤에 덧붙이는 감상이 아니었다. 앞이 전혀 보이지 않는 순간에도 사람을 계속 움직이게 만드는 엄격한 기준에 가까웠다.

샌드버그는 무작정 잘되기를 기다리지 않았다. 지금 당장 할 수 있는 일을 먼저 가려냈다. 모든 문제가 해결되지 않아도, 오늘 내가 붙잡을 수 있는 단 한 가지를 선택하는 것. 그 작은 선택이 사람을 무너지지 않게 하는 최후의 보루라고 생각했기 때문이다.

그녀가 말하는 긍정은 상황을 예쁘게 포장하는 말이 아니다. 막연한 위로를 되풀이하는 자기최면도 아니다. 주어진 조건 안에서 단 한 걸음이라도 움직이게 만드는 실질적인 기준이다.

하루를 단번에 바꾸지 않아도 된다. 하루를 전부 되찾지 못해도 괜찮다. 그중 한 조각만 다시 붙잡으면 된다. 그렇게 하루를 보내면 내일을 견딜 힘이 남고, 그 힘이 쌓이면서 결과는 뒤늦게 따라온다.

샌드버그에게 긍정은 성공 뒤에 붙이는 훈장이 아니다. 매일의 선택 앞에 가장 먼저 놓여야 할 삶의 기준이다. 그래서 그녀는 스스로에게 늘 이렇게 묻는다.

"오늘 무엇을 할 것인가?"

"지금 무엇을 내려놓을 것인가?"

이 질문에 다시 답하게 만드는 힘. 어떤 어둠 속에서도 나를 다시 움직이게 하는 힘. 그것이 셰릴 샌드버그가 말한 긍정의 진짜 의미다.

Sheryl Sandberg's NOTE

NOTE 01
긍정은 태도가 아니라 준비다.

준비되지 않은 낙관은 현실 앞에서 쉽게 무너진다.

NOTE 02
기회는 준비된 사람에게만 보인다.

같은 상황에서도 준비된 사람만 다음 단계를 발견한다.

NOTE 03
두려움은 사라지지 않는다.

두려움을 안고도 행동하는 사람이 앞으로 나아간다.

NOTE 04
자기 자신을 과소평가하지 마라.

능력보다 자신에 관한 판단이 먼저 발목을 잡는다.

NOTE 05
행동이 자신감을 만든다.

기다리다 생기는 용기는 없다.

THE NOTE — Sheryl Sandberg

"긍정은 믿음이 아니라, 준비된 행동에서 시작된다."

가장 단순한 말이 가장 깊이 새겨진다

살다 보면 어느 순간, 이유 없이 멈춰 설 때가 있다. 열심히 달려왔는데도 앞으로 나아가고 있는지 확신이 들지 않을 때, 수많은 조언을 들어도 마음 한쪽이 텅 비어 있는 것처럼 느껴질 때가 있다. 그럴 때 가장 먼저 떠오르는 말들은 언제나 비슷하다.

"포기하지 마라."

"자신을 믿어라."

"감사하라."

너무 많이 들어서 더는 새로울 것도 없는 말들이다. 그래서 우리는 종종 이렇게 생각한다.

"다 아는 이야기인데, 이제 와서 무슨 소용일까."

그런데 이상하게도 가장 어렵고 힘든 순간, 다시 발걸음을 움직이게 하는 말 역시 언제나 그런 뻔한 문장들이다.

이 책에 등장하는 억만장자들의 수첩에는 특별한 비밀이나 복잡한 공식이 적혀 있지 않았다. 그들 역시 때때로 흔들렸고, 의심했고, 두려워했다. 다만, 한 가지가 달랐다.

그들은 그 단순한 말들을 알고 있는 상태로만 두지 않았다. 그 문장들을 삶의 가장 낮은 곳에 두고, 모든 선택의 기준으로 삼았다.

성공은 새로운 말을 찾아내는 능력에서 나오지 않는다. 이미 알고 있는 말을 끝까지 붙잡는 힘에서 나온다.

억만장자들의 수첩에는 화려한 계획이 아니라, 삶을 붙잡아 주는 말들이 반복해서 적혀 있다. 그들은 위기의 순간마다 그 문장들을 들춰보며 흔들리는 자신을 다잡았다.

"아직 끝이 아니다."

"오늘도 한 번 더 간다."

"작게라도 멈추지 않는다."

문장이 단순했기에 오히려 쉽게 흔들리지 않았다. 거창한 말은 상황이 바뀌면 금세 무너지고 만다. 수식어가 많을수록 변명이 끼어들 틈이 생기고, 화려할수록 위기의 순간에는 허무하게 흩어지기 때문이다.

우리는 모두 알고 있다. 성공의 공식이 결코 새롭지 않다는 사실을 말이다. 서점의 베스트셀러나 거장들의 인터뷰 어디를 찾아봐도 세상을 뒤바꿀 숨겨진 비책 같은 건 존재하지 않는다. 책임, 긍정, 신중함, 그리고 실행. 우리가 이미 수없이 들어온 익숙한 단어들뿐이다. 그러나 진짜 어려운 것은 아는 것을 단순한 정보로 두지 않고, 내 삶의 '기준'으로 삼는 일이다. 그리고 그 기준을 파도처럼 밀려오는 일상의 유혹 속에서 하루

하루 지켜내는 것이다.

지금, 당신의 마음에 남아 있는 문장은 무엇인가? 어쩌면 그 문장은 이미 오래전부터 알고 있던 익숙한 말일지도 모른다. 다만 아직 당신의 수첩에, 그리고 당신의 일상에 제대로 뿌리내리지 못했을 뿐이다.

우리는 흔히 성공에 특별한 비책이 있을 거라 믿는다. 하지만 억만장자들의 수첩에 적힌 것은 화려한 계획이나 돈의 목록이 아니었다. 거기에는 위기의 순간마다 자신을 붙잡아준 단순한 문장들이 반복해서 적혀 있었다. 그들은 거대한 도약을 꿈꾸기보다, 단순한 한 줄을 기준으로 오늘 하루를 견뎌낸 사람들이다.

이제는 다르게 해보자. 머리로 이해하는 데서 멈추지 말고, 삶을 움직이는 쪽으로 그 한 줄을 옮겨 적어보자. 거창할 필요는 없다.

"오늘 하루만은 포기하지 않겠다."

"오늘 하루만은 한 번 더 해보겠다."

"오늘 하루만은 나를 믿겠다."

그리고 적어도 오늘 하루만큼은, 억만장자들처럼 그 문장을 삶의 유일한 기준으로 삼아 살아보는 것이다.

삶은 여전히 복잡하고 시끄러울 것이다. 예상치 못한 풍랑이 계속해서 우리를 흔들어 놓을지도 모른다. 그러나 진짜 변화는 언제나 소란스러운 외침이 아니라, 조용한 한 문장에서 시작된다.

단순한 문장은 반복될수록 삶의 중심으로 깊게 가라앉는다. 그리고 그 문장이 기준이 되었을 때, 우리의 판단은 더욱 또렷해지고 행동은 단단해진다.

그 문장이, 오늘 당신의 수첩에 남기를 바란다. 그 한 줄이 당신의 삶을
지탱하는 기준이 되기를 바란다.

억만장자의 낡은 수첩

위기의 순간마다 다시 펼쳐본 삶의 문장들

초판 발행 · 2026년 1월 30일

지은이 · 마테호른

발행인 · 옥경석
펴낸곳 · 주식회사 에이콘온

주소 · 서울시 강서구 양천로 583 우림블루나인비즈니스센터 A동 2009호
전화 · 02)2653-7600 | **팩스** · 02)2653-0433
홈페이지 · www.acornpub.co.kr | **독자문의** · www.acornpub.co.kr/contact/errata

편집장 · 임채성 | **디자인** · 윤서빈 | **홍보** · 박혜경, 백경화 | **경영지원** · 최하늘, 김희지

에이콘온(ACORN-ON) - 에이콘온은 'ON'이라는 단어처럼,
사람의 가능성에 불을 켜늘 콘텐츠를 시향합니다.

인스타그램 · instagram.com/acorn_pub
페이스북 · facebook.com/acornpub
유튜브 · youtube.com/@acornpub_official

책값은 뒤표지에 있습니다.